国家社科基金重点项目成果
项目批准号：17ASH015

"互联网+"与养老服务社会化

青连斌 著

中国劳动社会保障出版社

图书在版编目(CIP)数据

"互联网+"与养老服务社会化/青连斌著. -- 北京：中国劳动社会保障出版社，2020

ISBN 978-7-5167-4783-4

Ⅰ.①互… Ⅱ.①青… Ⅲ.①互联网络-应用-养老-社会服务-研究-中国 Ⅳ.①D669.6-39

中国版本图书馆 CIP 数据核字(2020)第 215871 号

中国劳动社会保障出版社出版发行

(北京市惠新东街 1 号　邮政编码：100029)

*

三河市华骏印务包装有限公司印刷装订　新华书店经销

787 毫米×1092 毫米　16 开本　12.5 印张　192 千字
2020 年 12 月第 1 版　2020 年 12 月第 1 次印刷
定价：48.00 元

读者服务部电话：(010) 64929211/84209101/64921644
营销中心电话：(010) 64962347
出版社网址：http://www.class.com.cn

版权专有　侵权必究

如有印装差错，请与本社联系调换：(010) 81211666
我社将与版权执法机关配合，大力打击盗印、销售和使用盗版图书活动，敬请广大读者协助举报，经查实将给予举报者奖励。
举报电话：(010) 64954652

目录

第一章　导论 /1

一、我国人口老龄化的总体趋势 /1

二、发展养老服务理念更新要先行 /3

　　（一）"老年人"不是绝对的，而是相对的 /3

　　（二）老年人不是负担和累赘，而是经济社会发展的参与者和贡献者 /5

　　（三）人口老龄化是不可逆转的世界性趋势，但其进程与影响是可以延缓和减轻的 /8

　　（四）促进健康老龄化，更要引导和推动积极老龄化 /10

三、健全和完善"一老"政策和制度体系 /12

　　（一）健全和完善"一老"政策和制度体系要解决好两大关键问题 /12

　　（二）完善养老保险制度的关键环节 /13

　　（三）着力破解养老服务难题 /16

　　（四）建立健全长期护理保障体系 /20

四、健全和完善"一小"政策和制度体系 /21

　　（一）我国生育率已经低于人口世代更替水平 /21

　　（二）"一小"问题兹事体大关乎国策 /22

　　（三）必须制定和实施更加积极的人口政策 /23

　　（四）促进生育政策与相关经济社会政策的配套衔接 /25

五、本章小结 /29

第二章 "互联网+"——养老服务社会化新动能/32

一、"互联网+"时代的来临/32

（一）互联网的产生及其深远影响/33

（二）"互联网+"的含义和基本特征/34

（三）"互联网+"的技术基础/36

（四）"互联网+"的应用/37

二、"互联网+"养老服务的时代潮流/38

（一）国家"互联网+"行动总体部署/39

（二）"互联网+"养老服务的基本内涵/40

（三）"互联网+"养老服务的运行机制/44

（四）"互联网+"养老服务的主要模式/47

三、"互联网+"养老服务对传统养老服务的超越/50

（一）促进供需有效匹配/50

（二）优化养老服务资源的配置和整合/52

（三）有效节省人工成本，助力破解"无人养老"困局/53

（四）更好满足老年人多层次、多样化和个性化需求/55

（五）促进养老服务的智能化、专业化和标准化/57

（六）提高养老服务的水平和质量/57

四、本章小结/58

第三章 "互联网+"养老服务的需求——基于老年居民的调查/61

一、现有研究述评/61

（一）养老服务方式需求/61

（二）养老服务内容需求/63

（三）"互联网+"养老服务需求/66

（四）对现有研究的简要评介/68

二、调研点和样本的基本情况/70

（一）调研点的选择/70

（二）A市发展养老服务的主要做法/71

　　（三）样本的抽取及其基本情况/74

三、老年人"互联网+"养老服务需求问卷调查的数据分析/82

　　（一）养老服务的现状及其一般需求/82

　　（二）"互联网+"养老服务需求/90

　　（三）"互联网+"养老服务需求的满足及其影响因素/93

四、本章小结/96

第四章　"互联网+"养老服务供给——基于养老机构的调查/99

一、现有研究述评/99

　　（一）养老服务供给/99

　　（二）"互联网+"养老服务供给/102

　　（三）对现有研究的简要评价/104

二、"互联网+"养老服务供给问卷调查及其样本基本情况/105

　　（一）养老机构的所有制性质/105

　　（二）养老机构的开办时间/107

　　（三）养老机构所在地区与所处位置/107

　　（四）养老机构的规模与床位利用率/108

　　（五）养老机构的主营业务/109

三、"互联网+"养老服务供给问卷调查数据的分析/110

　　（一）对"互联网+"养老服务的认知/110

　　（二）开展"互联网+"养老服务的基本情况/114

　　（三）开展"互联网+"养老服务的技术手段/117

　　（四）开展"互联网+"养老服务的投入/119

　　（五）开展"互联网+"养老服务的成效/123

　　（六）"互联网+"养老服务的未来发展/125

四、本章小结/129

第五章 "互联网+"养老服务的实现路径——基于地方实践和案例的分析/133

 一、国家政策引领与地方探索/133

 二、"互联网+"在养老服务中的具体运用/135

  （一）乌镇智慧养老综合服务平台/136

  （二）曜阳互联网养老院/137

  （三）广州市"长者饭堂"/140

  （四）厦门市养老信息化平台/141

  （五）长沙市雨花区社区为老服务信息平台/142

  （六）贵阳市曜阳养老服务中心/143

  （七）维科养老机构智慧消防/146

  （八）盛世十月养老机构党建云平台/148

 三、本章小结/151

第六章 结论与政策建议/153

 一、本书的主要结论/153

 二、推动"互联网+"养老服务发展的政策建议/158

附录1 老年人养老服务需求调查问卷/162

附录2 "互联网+"养老服务调查问卷/169

附录3 主要参考文献/175

第一章

导 论

面对人口老龄化的严峻形势,采取相关的经济社会政策和举措是重要的,但关键还是要理念更新先行,以关于"老年人""老龄化"的新理念为指导,做好"一老一小"顶层制度设计。一方面,要健全和完善"一老"政策和制度体系,削减人口老龄化带来的经济社会影响;另一方面,要健全和完善"一小"政策和制度体系,主动作为,以有效延缓人口老龄化进程。

一、我国人口老龄化的总体趋势

新中国成立以来,由于社会进步、经济发展,特别是医疗卫生事业的发展,我国人民的身体素质和平均预期寿命有了大幅提高,从新中国成立前的35岁左右提高到现在的77岁以上。另外,从20世纪70年代以来,我国人口的生育水平迅猛下降,现在已经低于人口正常世代更替水平。由于我国人口生育率下降速度快,生育水平将在较长时间里保持较低水平,在人口预期寿命较快延长的共同作用下,我国人口老龄化速度之快将是世界上所罕见的。

在老龄化研究文献中,"老龄化"有两种含义:"一是人类个体的老龄化,是指伴随时间的推移,个人年龄从童年、少年、青年、中年到老年的增长变化";"二是人口群体的老龄化,即在特定区域范围内人口的群体性老化,是老年人在总人口中的比重不断上升或群体平均寿命延长的过程。"① 不过,在人口老龄化研究中,人们通常都是从后一种含义来理解人口老龄化的,也即

---

① 苏振芳. 人口老龄化与养老模式 [M]. 北京:社会科学文献出版社,2014:1.

人口群体的老龄化。本书使用的老龄化，也是后一种含义，即老年人口在总人口中所占比重不断提高的过程。所以，我们讲的老龄化，都是人口老龄化。

联合国曾经在1956年的《人口老龄化及其社会经济后果》一书中，提出从老年人口比例、少儿人口比例、老少比、人口年龄中位数等方面，来判定一个国家或地区是否进入老龄化社会。衡量一个国家或地区是否进入老龄化社会的主要标准，即一个国家或地区60岁及以上人口占该国家或地区人口的10%及以上，或者65岁及以上人口占该国家或地区人口的7%及以上，该国家或地区就进入了老龄化。后来，联合国在2001年的《世界人口老龄化报告（1950—2050年）》中再次使用和肯定了这一标准。

2000年，发达国家65岁及以上老年人口所占比重达到14.3%。预计到2035年左右，发达国家65岁及以上老年人口所占比重将达到21.2%。[1] 据此，一些学者把65岁及以上老年人口占总人口的14%以上，称为"深度老龄化"；把65岁及以上老年人口占总人口的20%以上，称为"超级老龄化"。

我国目前正在经历着世界上规模最大，同时也是速度最快的人口老龄化过程。历次全国人口普查数据显示，我国65岁及以上的老年人口占总人口的比重，1953年为4.41%，1964年为3.56%，1982年为4.91%，1990年为5.57%，2000年为6.96%，2010年第6次人口普查时已经高达8.87%。这说明，我国自2000年开始，就已经跨入了老龄化国家的行列。

据国家人口发展战略研究课题组预测，65岁及以上老年人口占总人口的比重，2025年将达到13.59%，2030年将达到16.59%，2035年将超过20%，达到20.13%。[2] 另据联合国发布的中国人口预测，2030年我国60岁及以上和65岁及以上老年人口比重将分别达到23.3%和15.7%；到2035年，则分别上升到26.2%和19%[3]，届时我国将达到人口老龄化高峰。

人口老龄化是一个世界性趋势。但由于我国特定的人口国情以及我国强有力的人口政策的作用，同其他国家和地区相比，我国人口老龄化除具有速度快、规模大、不平衡等特点外，还有一个重要特点，就是"三多"加"一

---

[1] 杨燕绥. 中国老龄社会与养老保障发展报告（2013）[M]. 北京：清华大学出版社，2014：12.

[2] 国家人口发展战略研究课题组. 国家人口发展战略研究报告：上 [M]. 北京：中国人口出版社，2007：142.

[3] 国家人口发展战略研究课题组. 国家人口发展战略研究报告：中 [M]. 北京：中国人口出版社，2007：2085.

多"的特点。"三多",也就是失能老年人多、高龄老年人多、空巢老年人多;"一多"则是老年慢性病人多。这一特点,说明我国老年人长寿不健康的问题比较突出,平均预期寿命比较长,但平均预期健康寿命相对比较短,两者相差8岁多。"三多"老年人,大多数生活自理能力差,其日常生活需要别人照料。他们同"一多"老年人还有一个共同需求,就是对医疗服务的需求很旺盛。

"21世纪是我国人口老龄化程度最高的世纪。30多年前人们未能察觉我国人口老龄化正悄悄到来,但是到20世纪90年代以后,我国人口老龄化步伐明显加快,并在步入21世纪后人口老龄化特征凸显。"[1] 历史是不能假设的。30多年前我们没有察觉到我国人口老龄化的悄悄到来,我们不能也没有理由去指责当时的人们为什么没有能够察觉到。关键是今天我们面对人口老龄化的严峻现实,必须严肃地思考我们应该做点什么,怎么样才能更好地应对人口老龄化的现实。

二、发展养老服务理念更新要先行[2]

理念是行动的先导。做好应对人口老龄化的顶层制度设计,既要遵循世界人口老龄化的一般规律,以马克思主义唯物论辩证法和相关科学理论为指导,又要更新理念。要树立"老年人"不是绝对的而是相对的,老年人不是负担和累赘,而是经济社会发展的参与者、贡献者、发展成果的共享者;人口老龄化是不可逆转的世界性趋势,但其进程与影响是可以延缓和减轻的;要促进健康老龄化更要引导和推动积极老龄化的新理念,以新理念引领顶层制度设计和应对策略的制定和实施。

(一)"老年人"不是绝对的,而是相对的

根据人体的生理机能、心理状态和在社会中扮演的社会角色,我们可以把人的生命周期划分为青少年期、中年期、老年期。但是,划分青少年、中年人、老年人的具体年龄标准,则不是固定的,在不同的人口预期寿命条件下,划分的具体标准是变化的。目前,多数国家和国际组织,以及专家学者都是按照生理年龄来界定老年人的。

但是,各个国家采用的老年人具体标准是不同的,这在各个国家退休年龄的差异上体现得尤为明显。实际上,世界各国都默认,老年人的起始年龄

---

[1] 苏振芳. 人口老龄化与养老模式 [M]. 北京:社会科学文献出版社,2014:5.
[2] 参见青连斌. 应对人口老龄化的理念更新 [J]. 中国特色社会主义研究,2018(5):69-73.

就是退休年龄。21世纪初,男性平均退休年龄约为60岁,女性平均退休年龄约为58岁。随着人口预期寿命的延长,当然也是为了应对人口老龄化和日益加大的养老金支付压力,许多国家纷纷提高退休年龄。美国于2000年将退休年龄从65岁延长到目前的66岁,并将于2027年进一步延长到67岁[①];德国自2001年起至2012年,将退休年龄男女分别为63岁和60岁统一提高到65岁,并从2012年起至2029年逐步延长到67岁[②];英国拟由现在的男性65岁、女性60岁退休调整为男女均为65岁退休,并进一步提高到男女均为68岁退休。

新中国成立初期,我国人口的平均预期寿命只有35～40岁。根据2010年第六次全国人口普查详细汇总资料计算,我国人口平均预期寿命已经达到74.83岁。但是,按照我国现行相关制度安排,男职工年满60周岁、女干部年满55周岁、女工人年满50周岁即可办理退休手续。这项退休政策制定时,全国人口平均预期寿命为50岁,而现在已经超过70岁。随着我国经济社会的不断发展以及人均寿命的不断延长,相应地推迟退休年龄是一种必然趋势。但是,退休年龄的调整是一项复杂的社会经济政策,涉及人口结构、人力资源供求、代际关系、社会保障基金平衡等多方面因素。

老年人也有一个年龄渐长的过程。世界卫生组织曾经将老年人区分为初老期老年人(60～74岁)、中老期老年人(75～85岁)和老老期老年人(85岁以上)。[③] 实际上,在一个国家或地区,在既定的总体人口预期寿命条件下,不同人群的预期寿命是有差异的,正因为这样,德国把泥瓦工等重体力劳动者的退休年龄从法定退休年龄中减去3年。

如果说在我国人口预期寿命只有35～40岁时,"人生七十古来稀",70岁的老年人确实很少有了,那么,在我国人口预期寿命已经达到75岁的今天,70岁的老年人就太普遍了。因此,随着人口预期寿命的延长,划分老年人的年龄标准必须相应调整和提高,这也是国际上普遍的做法。目前,美国人口平均预期寿命约为78.6岁,退休年龄从65岁延长到67岁后,平均余命(人口预期寿命和退休年龄之差)从13.6年下降到11.6年;德国人口平均预期

---

① 郑功成. 中国社会保障发展报告2016 [M]. 北京:人民出版社,2016:340.
② 郑功成. 中国社会保障发展报告2017 [M]. 北京:中国劳动社会保障出版社,2017:301.
③ 王德文,谢良地. 社区老年人口养老照护现状与发展对策 [M]. 厦门:厦门大学出版社,2013:2.

寿命约为 81.3 岁，退休年龄从 65 岁延长到 67 岁后，平均余命将从 16.3 年下降为 14.3 年；英国人口平均预期寿命约为 81.2 岁，按现在的退休年龄标准计，平均余命为 16.2 年。① 参考世界各国的人口预期寿命和退休年龄之差，我们可以考虑将人口预期寿命减 15 年作为退休年龄的标准，也是划分老年人的标准。这一标准不是固定的，而是随着人口平均预期寿命的延长而变动的。从这一角度讲，在我国人口平均预期寿命只有近 75 岁的当下，60 岁的退休年龄应该说是合适的，但随着人口平均预期寿命的延长，延迟退休年龄则不仅是必要的，也是完全可能的。我国将采取小步慢走、渐进到位的政策，从 2022 年起每年推迟几个月的时间，经过一个相当长的时间再达到新的法定退休年龄的目标。这一渐进式延迟退休年龄的政策，既有对目前我国部分人群退休年龄偏低、不同人群退休年龄差异比较大的现实考量，更考虑到了人口平均预期寿命每几年延长一岁为延迟退休年龄提供的可能性，而并不是仅仅考虑到养老金负担问题。但对这一问题，目前媒体和学界没有充分向公众说清楚，相关部门也没有向公众解释清楚制定有关政策的理论依据和现实背景，这是造成公众对延迟退休政策不理解、甚至不满意的一个重要原因。

树立"老年人"不是绝对的而是相对的这一理念是非常重要的。对我们每一个个人来讲，60 岁并不意味着就成为要被养起来的"老人"，就成为闲人，成了社会和家庭的负担。今天的 60 岁、今后的 60 岁同 20 年前、50 年前的 60 岁是不一样的。随着人口平均预期寿命的不断延长，老年人的年龄起点是不断提高的。对国家和社会来讲，如果 60 岁就是"老人"，就没有理由延迟退休，正是因为人口平均预期寿命是不断延长的，老年人的年龄起点才可以提高，这才可以延迟退休。这是延迟退休年龄政策最重要的依据。

(二) 老年人不是负担和累赘，而是经济社会发展的参与者和贡献者

快速的人口老龄化进程，迅速壮大的老年人口规模，对于一个事实上还没有充分做好应对人口老龄化相关准备工作的发展中国家，无疑是一个巨大挑战。一方面，养老金制度虽然已实现制度的全覆盖，但责任分担失衡、互助共济功能弱化、多层次养老保险格局还没有真正形成，养老保险基金的支付压力和国家财政"兜底"的压力增大；另一方面，我国社会化养老服务体系虽然有了很大的发展，但是，养老服务供给，尤其是居家养老服务供给总

---

① 平均余命是笔者根据各国人口统计数据换算得出的。要说明的是，各个国家公布的人口平均预期寿命并不是同一年份的，美国为 2016 年，德国为 2017 年，英国为 2013 年。

量不足，供需结构失衡，老年人的人文关怀与精神慰藉、医疗护理服务需求剧增而难以得到有效满足。随着我国经济社会的发展进步和老年人社会权利意识的提高，老年人日益增长的美好生活需要同养老保障体系不平衡不充分的发展之间的矛盾越来越凸显，老年人对民主、法治、公平、正义、安全、环境等方面的需要也日益增长。

面对数亿老年人日益增长的养老保障需求和其他方面需求给国家、社会和家庭带来的挑战，积极应对者自然占多数，但漠视者有之，无所适从者有之，把老年人看作是负担和累赘者更是有之。漠视人口老龄化带来的挑战，对人口老龄化带来的挑战无所适从，既是不负责任的表现，也会延误有效应对人口老龄化的有利时机。把老年人看作是负担和累赘，则既是不客观的、片面的，更是对老年人的不公平。

老年人是经济社会发展和各方面事业的参与者、贡献者，当然也是发展成果的共享者。

首先，老年人在他们年轻的时候为经济社会发展做出了贡献，可以把老年人在他们年轻时所做出的贡献看作是"存款"，他们年老后享受的养老金和其他社会福利则是"支取"和消费。家家有老人，人人都会老，尊重老年人首先要尊重老年人过去的贡献。一个不尊重老年人的社会是不道德、无良知的社会，也是一个没有未来的社会。

其次，老年人即使已经进入老年期，按照传统的观点应该"安度晚年"，但实际上，现在大多数老年人仍然在以不同的方式、在各个领域和方面继续为国家发展、经济社会进步和家庭和谐做出贡献。数以亿计的老年人口是我国一支重要的消费生力军，是支撑我国经济持续快速发展的新动能。相当多的老年人，尤其是专业技术人员"退而不休"，仍然在工作。在城乡基层社区治理、社会矛盾调处化解、社会治安维持、扶老助残、幼儿教育、环境卫生，以及文化传承等各个方面，老年人广泛参与并发挥着越来越重要的作用。

美好生活的共建共治共享是全体人民的共同事业，分享经济社会发展成果是老年人的基本权利，也是一个社会文明进步的标志。

树立老年人不是负担和累赘而是经济社会发展的参与者、贡献者这一理念，一方面，要加强正面的引导，要引导年轻人树立老年人不是负担和累赘而是经济社会发展的参与者、贡献者、发展成果共享者的理念，要在全社会养成养老、敬老、孝老的良好风尚。另一方面，学术理论界尤其是相关政策制定部门在反思欧债危机或福利国家的教训时，尽管全面、客观、理性的分析始终是主流，但也多多少少陷入了反福利主义思潮的误区之中，把欧债危机的根源归因于欧洲国家的社会福利制度，尤其是老年人福利过于优厚。① 客观地讲，"在经济低迷且复苏乏力、人口老龄化进程不断加剧、改善财政状况的压力持续增大等经济社会背景下，欧洲主要国家——德国、法国、英国、意大利以及北欧诸国"，社会保障领域的改革"出现了一大共性，即通过增收减支等方式来改善公共财政状况，确保财政稳健，实现财政可持续和社会保障制度的可持续"。② 但是，绝不能据此推断欧债危机的发生是因为欧洲国家的社会福利尤其是老年人福利水平过高。事实上，综观世界各国，凡是追求经济社会持续健康稳定发展的国家，都高度重视老年社会保障体系建设；反之，凡是不重视老年社会保障，或者老年社会保障体系残缺不全、老年社会福利水平低的国家，通常都是社会矛盾尖锐、社会问题丛生、社会危机不断的国家。从欧美发达国家到新兴工业化国家，再到其他发展中国家，我们都可以找到充分的证据。

在全社会形成老年人不是负担和累赘而是经济社会发展的参与者、贡献者的理念是重要的，但更重要的是创造更多的机会、条件和平台，更加充分地调动老年人参与经济社会发展和公共事务的积极性，为国家经济发展、社会和谐、家庭和睦做出更大贡献。在社会公共事务参与方面，必须鼓励和支持老年人积极参与社会矛盾调处化解、社会治安维持、扶贫济困、幼儿教育、环境卫生，以及文化传承等社会公共事务；鼓励和支持老年人参与志愿服务等无报酬的活动，在志愿工作岗位上做出积极贡献。在劳动参与方面，为老年人提供更多的灵活就业机会，鼓励和支持身体健康且有意愿就业的老年人从事正规或非正规工作，继续成为社会财富的创造者和贡献者。在养老服务参与方面，要鼓励和支持自理老人居家养老，尽可能避免或延缓"机构化"，从而有效缓解养老机构"一床难求"的现实困境；要通过发展和推广"时间银行"，大力发展互助养老，尤其是鼓励和支持年轻的老人服务年老的老人，健康和能够生活自理的老人服务失能失智的老人。在国家和地方有关政策的

---

① 参见胡继晔. 欧债危机的教训及其对中国发展个人养老金的启示 [J]. 行政管理改革，2013 (9)：66-67；张林坤. 欧债危机产生根源的国际政治经济学分析 [D]. 郑州：郑州大学，2013；郑秉文. 欧债危机下的养老金制度改革——从福利国家到高债国家的教训 [J]. 中国人口科学，2015 (5)：2-15；杨露. 欧洲福利国家福利制度的经验教训及其启示 [J]. 理论与改革，2013 (4)：96-98.

② 郑功成. 中国社会保障发展报告 2017 [M]. 北京：中国劳动社会保障出版社，2017：347.

制定，特别是企事业单位、机关、学校、社区重大事项的决策等方面，要充分发挥老年人经验丰富、阅历深厚的优势，广泛听取老年人的意见和建议。

(三) 人口老龄化是不可逆转的世界性趋势，但其进程与影响是可以延缓和减轻的

人口老龄化是一个世界性趋势，而且这一趋势是不可逆的。人口老龄化是"合力"的结果，但其中起决定性作用的是人口预期寿命和生育率两个主要因素。

一方面，人口预期寿命延长的趋势是不可逆的。公元前欧洲人的平均预期寿命仅20岁左右，1850年左右达到40岁。也就是说，在漫长的近2 000年时间里，欧洲人的平均预期寿命仅仅延长了一倍，也即平均每一百年增长一岁。但是，欧洲人口的平均预期寿命在工业革命以后得到了快速增长。自1850年以来的100多年时间，欧洲人的平均预期寿命大约增加了30多岁。① 根据1977年联合国人口年鉴的资料，当时欧洲人的平均预期寿命就已经达到72岁的水平。"一般说来，平均预期寿命越高，提高速度越慢。但随着医药技术的发展和改善，一些平均预期寿命已处于较高水平的国家同期提高的速度也比较快，比如韩国提高4.9岁、新加坡3.6岁、巴西3.0岁、越南2.9岁、英国2.7岁、法国2.4岁、澳大利亚2.5岁、德国2.1岁等。"② 一些学者的研究发现，自从1840年以来，人类预期寿命的延长是非常稳定的，而且从来没有出现过下降的迹象，延长速度一直保持在每年3个月左右。③

另一方面，尽管随着人们生活水平的提高、医疗技术的发展和卫生环境的改善，婴幼儿和孕妇的死亡率大大下降，但生育率也是同时下降的，生育率下降对人口增长的效应远远超过婴幼儿和孕妇死亡率对人口增长的效应，导致少儿人口在总人口中所占比重下降，老年人口在总人口中所占比重上升，人口老龄化程度加剧。目前，世界各国总和生育率超过人口世代更替水平的只有寥寥几个国家，接近人口世代更替水平的国家也不多，大多数国家和地区的总和生育率都已经低于人口世代更替水平。虽然一些国家和地区在提高

---

① 微微健康新闻. 我国人口平均预期寿命比世界平均水平高5岁 [OL]. http://news.vivijk.com/rdht/201208/294154.html.

② 国务院第六次全国人口普查领导小组办公室. 我国人口平均预期寿命达到74.83岁 [EB/OL]. http://www.360doc.com/content/12/1203/13/10261947_251750718.shtml.

③ 杨翠迎. 国际社会保障动态——社会养老服务体系建设 [M]. 上海：上海人民出版社，2014：219.

人口生育率方面做出过巨大努力，但效果并不理想。

虽然人口老龄化是不可逆转的世界性趋势，是各国面临的共同难题，但事在人为，只要应对及时、科学应对、综合应对，措施有针对性、有力度，相关经济社会政策配套衔接得好，人口老龄化的进程是可以适当延缓的，人口老龄化对经济社会发展的影响是可以尽可能减轻的。在这方面，苏联和北欧一些国家的做法值得我们学习借鉴，最主要的是鼓励和支持生育，重视老年社会保障，在人口老龄化高峰已经可以预见必将到来时及时做好政策设计、资金储备、人才培养，以及养老、孝老、敬老社会氛围的养成等。

确立和坚持人口老龄化是不可逆转的世界性趋势，但其进程与影响是可以延缓和减轻的理念，对于我们国家具有重大的现实意义。如果仅仅看到人口老龄化是不可逆转的世界性趋势，而看不到我们在面对人口老龄化进程时是可以主动作为、有效应对，从而延缓和减轻人口老龄化的速度和经济社会影响，那么只能是消极以待、坐以待毙、无所作为。在人口老龄化已经来临且不可避免的情况下，我们必须有所作为，主动应对。最关键的就是采取各种综合措施抑制生育率的下降趋势，使生育率尽可能回归人口正常世代更替水平。我国生育率已经远远低于人口正常世代更替水平。过低的生育率，将对我国的未来发展，特别是中华民族的伟大复兴构成严峻的挑战。一方面，目前面临的人口老龄化问题将会更趋严重；另一方面，人口始终是经济社会发展和民族复兴的第一资源。过低的生育率，不仅将使我国总体人口规模在达到峰值后不断萎缩，使我国人口数占世界人口总数的比重逐步下降，国家经济社会发展和民族复兴所必需的人口条件将难以持续。党的十九大提出：要"促进生育政策和相关经济社会政策配套衔接，加强人口发展战略研究"。[①] 为有效延缓我国人口老龄化进程，为国家经济社会发展和中华民族伟大复兴创造良好的人口条件，必须制定和实施更加积极的人口发展战略和人口政策。人口发展战略既是国家基础性战略，也是国家根本性战略。从近期来讲，针对我国生育成本越来越高、国民生育意愿下降、生育率持续走低的现实，必须制定和实施与生育政策相配套的幼托服务、带薪产假和陪产假制度、生育津贴和育儿津贴制度以及对多子女家庭的税收减免或扣除等在内的一系列经济社会政策，从而实现"全面二孩"政策的预定目标，促进我国人

---

① 习近平. 决胜全面建成小康社会，夺取新时代中国特色社会主义伟大胜利——在中国共产党第十九次全国代表大会上的报告[M]. 北京：人民出版社，2017：48.

口的可持续发展。

(四) 促进健康老龄化,更要引导和推动积极老龄化

在漫长的人类历史上,除蒙昧野蛮时代在一些部落和民族曾经发生过"弑老"的恶习外,尊老、养老是主流,是大多数民族的良好传统。从整个世界范围看,从人类进入文明时代以来一直到工业革命以前,一方面生育率高,人口预期寿命短;另一方面传统的大家庭占主体,家庭养老功能完备,因而老年人口总量相对比较小,依靠家庭成员的互助共济就可以解决老年人的养老问题。自工业革命以来,人口预期寿命快速延长,老年人口占总人口的比重不断上升,"老龄化"才逐步成为社会问题。"从历史发生学的国际社会视角来看,人口老龄化最早出现在西方发达国家 20 世纪 70 年代以后。""一些西欧国家迅速完成了由低死亡率、高生育率和高自然增长率到低死亡率、低生育率和低自然增长率的人口转变。由此,进入了人口零增长的发展时期,这也标志着这些国家率先开始了人口老龄化的进程。"①

面对 20 世纪 70 年代以后世界范围内日益严重的人口老龄化问题,1987 年 5 月召开的世界卫生大会首次提出了健康老龄化理论,这一理论是基于老年人的健康需求而建构起来的。尽管人们对这一理论的内涵存在分歧②,但其核心要义是清晰的,即它的目标是整体提高老年群体的生命长度和生活质量,不仅关注平均预期寿命,而且更加关注生命的质量,既要提高预期寿命,更要提高健康寿命。显然,该理论暗含着把老年人视为社会负担的消极观点,虽然关注到了老年人的健康需求,但目的恰恰是通过提高老年人的健康质量减轻社会和家庭的负担。

20 世纪 90 年代末新世纪初,一种基于老年人社会权利的新的老龄化理论应运而生,这就是积极老龄化理论。该理论不仅关注老年人的健康需求,而且强调要关注老年人的社会参与权利和需求。老年人在需要帮助时,能够获得充分的安全保护和照料,而且能够按照自己的需要、愿望和能力参与社会经济文化和公共事务,"在工作中退休下来的老年人和那些患病或有残疾的人,能够仍然是他们亲属亲友社区和国家的积极贡献者"。这一理论的积极意义,在于改变了以往人们把老年人视为社会负担的观点,强调"老年人是被

---

① 宋全成,崔瑞宁. 人口高速老龄化的理论应对——从健康老龄化到积极老龄化 [J]. 山东社会科学, 2013 (4): 36-41.

② 佟新. 人口社会学 [M]. 北京:北京大学出版社, 2006: 165.

忽视的宝贵的社会资源，他们健康地参与社会经济文化与公共事务，将依然是社会财富的创造者和社会发展的积极贡献者"[1]。

面对我国日益严峻的人口老龄化形势及其挑战，我国相关部门制定和实施了健康老龄化规划。[2] 显然，健康老龄化规划是以20世纪八九十年代国际社会提出的健康老龄化理论为依据的。但是，20世纪末21世纪初，国际社会已经用积极老龄化理论取代健康老龄化理论，积极老龄化理论成为国际社会应对人口老龄化的主流理论。所以，我们的应对思路从一开始就滞后了。

积极老龄化是比健康老龄化更全面、更概括的老龄化概念和理论。我们既要促进健康老龄化，更要引导和推动积极老龄化。老年人不仅需要健康而长寿，而且需要积极参与社会经济文化和公共事务。进入新时代，我国社会主要矛盾已经转化为人民日益增长的美好生活需要和不平衡不充分的发展之间的矛盾。同全国人民一样，广大老年人的美好生活需要也日益广泛，不仅对物质文化生活提出了更高要求，而且在民主、法治、公平、正义、安全、环境等方面的要求日益增长；不仅要求分享经济社会发展的成果，而且要求有更多的机会、在更广泛的领域、更加积极主动地参与社会经济文化和公共事务。因此，必须适时地把我国应对人口老龄化战略和政策体系从健康老龄化转向积极老龄化，这不仅仅是因应国际社会人口老龄化理论的发展，更主要的是因应老年人群对积极参与社会，从而享有更加美好生活的需要。

坚持既要促进健康老龄化，更要引导和推动积极老龄化的理念，对发展我国老龄事业和老龄产业具有重要的指导意义。老年人不仅要老有所养、老有所依，也要老有所学、老有所乐、老有所为。

综上所述，有效应对人口老龄化，必须在全社会树立和坚持"老年人"不是绝对的而是相对的，老年人不是负担和累赘而是经济社会发展的参与者和贡献者，人口老龄化是不可逆转的世界性趋势但其进程与影响是可以延缓和减轻的，促进健康老龄化更要引导和推动积极老龄化的理念。人口预期寿命不断延长，是确立"老年人"不是绝对的而是相对的这一理念的客观基础，也是延长退休年龄的客观基础，确立和坚持这一理念是顺利推进延迟退休年龄政策的必要前提。确立和坚持老年人不是负担和累赘而是经济社会发展的

---

[1] 宋全成，崔瑞宁. 人口高速老龄化的理论应对——从健康老龄化到积极老龄化［J］. 山东社会科学，2013（4）：36-41.
[2] 国家卫生计生委，国家发展改革委等. "十三五"健康老龄化规划.

参与者、贡献者这一理念，强调的是要重新认识老年人，既要在全社会形成尊老、爱老、敬老的良好氛围，又要充分发挥老年人社会财富继续创造者和社会发展进步积极贡献者的作用。确立和坚持促进健康老龄化更要引导和推动积极老龄化这一理念，既顺应了国际社会人口老龄化理论的最新发展，又顺应了老年人积极参与经济社会发展和公共事务的强烈诉求，是国家制定和实施应对人口老龄化战略必须坚持的重要理念。确立和坚持人口老龄化是不可逆转的世界性趋势但其进程与影响是可以延缓和减轻的理念，强调的是应对人口老龄化必须有所作为，要加强人口发展战略研究，制定和实施更加积极的人口发展战略和政策，把提高生育率上升为国家发展战略。

三、健全和完善"一老"政策和制度体系

有效应对人口老龄化，首先要健全和完善"一老"政策和制度体系，解决好老年人的养老问题，从而尽可能地削减老龄化带来的经济社会影响。养老问题已经成为牵涉面广且公众反映日益强烈的重大民生问题，而我国事实上还未做好充分的准备。

（一）健全和完善"一老"政策和制度体系要解决好两大关键问题

随着人口老龄化、生育率下降和家庭小型化，传统的家庭养老保障功能越来越弱化，人们对社会化养老保险及相关的服务需求不断上升，养老后顾之忧日益加重。在此背景下，党的十七大明确提出、十八大和十九大再次强调要实现全体人民"老有所养"的目标。

要实现全体人民"老有所养"这一目标，必须解决好两大问题。

一是养老保险，或者说养老金。人口老龄化导致老年人口数量的大幅增加，老年人口在总人口中所占比重上升，从而对社会养老保险提出更多更高的要求，对整个养老保险体系提出新的挑战。这主要体现在：首先，人口老龄化会拉升老年人抚养比，进而拉升社会总抚养比；其次，人口老龄化加大了养老保险制度可持续发展的难度；最后，人口老龄化加重了我国养老保险基金的支付压力和政府财政负担。养老保险制度要能够保障老年人的基本生活需要，并随着经济的发展让老年人的养老金水平不断有所提高，分享经济社会发展的成果。目前，我国养老金虽已实现制度全覆盖，但责任分担失衡、互助共济弱化、多元并举格局并未形成，其不确定性损害了人们的安全预期。

二是养老服务。随着人口老龄化、生育率下降和家庭小型化，传统的家

庭养老保障功能越来越弱化，人们对社会化养老服务的需求不断上升。这主要体现在：第一，老年人对入住养老机构的需求迅速膨胀，老年人入住养老院（托老所、敬老院）难的问题突出；第二，失能老年、高龄老年、空巢老年增多，老年人对护理服务的需求越来越旺盛，但护理服务的发展远远不能满足老年人的护理服务需求；第三，老年人随着年龄的增大，各种慢性疾病频发，对医疗保健的需求加大；第四，在我国，90%的老年人选择的是居家养老，但因为家庭小型化，且正处于劳动年龄的家庭成员需要工作，家庭成员不可能全部承担老年人的生活照料服务，因而老年人对社会和社区的生活照料服务需求猛增；第五，老年人由于年老和退出工作岗位，加上相当大部分的子女由于工作、居住及出国等原因又不在身边，容易产生不同程度的失落感和孤独感，对精神慰藉的需求非常强烈；第六，老年人群对各种相关老年产品的需求迅速攀升，既为老年产业的开发和生产提供了广阔的市场空间，也对老年产品的开发和生产提出了严峻的挑战。① 在养老服务方面，高龄老人、空巢老人、失能老人的养老服务需求尤为强劲，也最难以满足。21世纪以来，特别是党的十八大以来，我国养老服务业有了很大的发展，但养老服务供给总量依然严重不足，供需结构严重失衡，正面临着养老服务体系发展究竟向何处去的质疑。

上述两大难题，正是人口老龄化对我国养老保障体系建设提出的两大挑战。面对数亿老年人持续高涨的养老保障诉求，以及钱从何来、谁来服务、怎样服务的疑虑，必须尽快健全我国养老保险、长期护理保险的制度体系和以居家为基础、机构为补充、医养相结合的养老服务政策体系，从而构建起保障全体人民"老有所养"的顶层制度和政策框架。

（二）完善养老保险制度的关键环节

健全覆盖全民的养老保险制度是实现人人老有所养的基础性条件。健全和完善我国社会养老保险制度，要抓住几个突出环节。

第一，要按照全面实施全民参保计划的要求，精准扩面，把法定参保人员全面纳入社会养老保险，织密扎牢全体人民老有所养的安全网。2017年我国基本养老保险参保人数达到了9.1亿多人，距离全民参保的目标比较接近了。但是，仍然有一部分应该参保的人员游离在社会养老保险这一安全网之

---

① 青连斌. 求解中国养老难题［M］. 北京：中共中央党校出版社，2017：53-60.

外。只有养老保险制度全面覆盖,才能免除所有国民的老年后顾之忧。

第二,要尽快实现基本养老保险的全国统筹,破解基金的两极化困境。目前各省均出台了基本养老保险省级统筹制度,尽管基本养老保险基金实行省级核算,但结存基金受托存储在市(地)县一级,形成了1 000多个小规模基金,缺少保值增值机制和手段。在基本养老保险基金省级统筹的背景下,一些地区基本养老保险基金结存过多,缴费费率下调,征缴力度放缓,养老保险待遇随意增加;一些地区基本养老保险基金则存在比较大的缺口,依靠本地区的征缴无法实现收支平衡,在高费率的情况下,每年仍然需要中央财政大量的转移支付。

实现基本养老保险基金在全国范围的统筹使用,提高基金使用的规模效应,是基本养老保险全国统筹要解决的核心问题。设立中央调剂金制度,这一部分资金加上中央财政对地方基本养老保险的转移支付,可以在全国各省市之间统一调剂使用。但是,中央调剂金制度只是走向基本养老保险全国统筹的过渡性措施。要在此基础上,尽快实现全国统筹,逐步形成中央与省级政府责任明晰、分级负责的养老保险基金管理体制。

第三,要着力解决制度的"碎片化"问题,以促进社会公平。我国的社会养老保险制度曾经是相当"碎片化"的。自建立城镇职工基本养老保险制度以来,先后建立了新型农村社会养老保险制度和城镇居民社会养老保险制度,随后又将机关事业单位的退休养老制度改建为社会养老保险制度。除了这些人的养老保险制度外,为农民工建立了不同于城镇职工也不同于农村居民的养老保险制度,一些地方为失地农民建立了失地农民养老保险制度,为农村干部建立了村干部养老保险制度,等等。党的十八大以后,率先将新型农村社会养老保险制度和城镇居民社会养老保险制度整合为城乡居民养老保险制度,随之实现了机关事业单位养老保险制度与城镇职工基本养老保险制度的"并轨"。社会养老保险制度的"碎片化",以及整合或并轨之后不同人群养老保险待遇仍然存在的相当大差距,背离了社会保障作为维护和促进社会公平的最重要制度安排的本源职责,同我们党秉承的公平正义执政理念更是相背离的。

第四,要努力补齐养老保险的"三支柱",构建多层次的养老保险体系。我国的养老保险制度应该是一个"三支柱"的体系。其中第一支柱是基本养老保险制度,第二支柱是企业年金和职业年金,第三支柱是个人储蓄性养老保险和商业养老保险。目前,第一支柱包括城镇职工基本养老保险和城乡居民基本养老保险两大制度平台。第二支柱包括企业年金和职业年金两个年金制度,其中参加企业年金的职工人数达到2 300多万人,参与人数仍然太少,必须扩大参与率。相对于第一支柱突飞猛进、第二支柱积极跟进来讲,第三支柱是亟待补齐的短板。在确保第一支柱基础不动摇的前提下,通过政策创新做大做强第二支柱和第三支柱,适时调整养老保障"三支柱"的结构比重,是至关重要的。

第五,要妥善处理好适当降低用人单位养老保险缴费负担与增加养老保险基金的关系。面对人口老龄化高峰日益临近的挑战,增强养老保障的物质基础,已成为关系我国社会养老保障制度可持续发展的关键。但是,面对当前复杂的经济形势,2016年4月,国务院决定阶段性降低企业职工基本养老保险费率,基本养老保险基金缴费收入相应减少。为此,党中央、国务院把加快推进包括养老保障在内的社会保障体系建设作为保障和改善民生的重要举措,公共财政支出更多地向社会保障领域倾斜。2016年,各级财政对社会保险的支出达到1万亿元,其中补贴基本养老保险基金就达6 511亿元。财政投入和弥补因实施视同缴费年限政策形成的企业职工基本养老保险基金缺口而采取的国有资本划拨,有力地支持了养老保险事业的可持续发展,确保了养老保险待遇的及时足额支付。需要重视的是,适当降低用人单位养老保险缴费负担只能是临时性、阶段性的措施,这方面的基金收入减少必须有其他渠道来弥补,否则将影响养老保险基金的可持续财务能力。

第六,要确保养老保险基金的保值增值。养老保险基金规模不断扩大,抗风险能力显著增强。截至2017年年底,全国基本养老保险积累基金4.6万多亿元,企业年金累计积累近1.3万亿元。机关事业单位的职业年金,也已经积累基金几千亿元。作为养老金战略储备的全国社会保障基金,达到了创纪录的1.8万多亿元。据测算,全国社会保障基金自成立至今的年均投资收益率约为8.7%,保值增值成效较为显著。但是,养老保险基金中最大的基本养老保险基金的投资运营管理仍然没有从根本上得到解决,其保值增值必须有可靠的投资渠道和严格的监管制度。

第七,提高保障水平要尽力而为,量力而行。经济不断发展,社会不断进步,在此基础上养老金水平不断提高。2005—2020年,已经连续16年调高退休人员养老金,全国退休人员基本养老金水平提高了3倍以上,广大退休人员切实分享到了社会经济发展的成果。我们必须清楚地认识到，我国仍然处于并将长期处于社会主义初级阶段，人口多、底子薄、差别大是我国的基本国情，而养老金属于刚性福利，待遇水平具有不可逆性。因此，政府组织实施的基本养老保险必须始终坚持"保基本"的方针，提高保障水平要立足现实发展阶段，量力而行，既要不断满足群众的合理诉求，又要防止"泛福利化"倾向，并注意逐步缩小地区之间、城乡之间和各类群体之间的待遇差距。这是养老保险制度可持续发展的必然要求。

（三）着力破解养老服务难题

要实现全体人民"老有所养"这一目标，必须健全和完善养老保险制度，并随着经济的发展相应提高养老金水平，在共享经济社会发展成果的同时，健全和完善养老服务体系。据国家民政部公布的《2019年民政事业发展统计公报》显示，截至2019年年底，全国各类养老服务机构和设施20.4万个，其中注册登记的养老服务机构3.4万个，社区养老服务机构和设施6.4万个，社区互助型养老设施10.1万个；各类养老床位合计775.0万张（每千名老年人拥有养老床位30.5张）。

我国养老服务的发展成就很大，但目前存在的问题也不少。一是发展不平衡。既表现为区域发展的不平衡，也表现为城乡发展的不平衡。二是同养老服务机构和设施建设取得较大进展相比，养老服务水平的提升相对比较缓慢。在国家强调养老服务机构和设施建设，特别是在有关强制性规划和政策要求下，各地养老床位、社区日间照料中心、居家养老服务等设施建设逐步达标，但是服务质量低、服务方式单一等问题比较突出。三是养老机构经营发展困难，尤其是大部分民办养老机构是租赁房屋经营，主要依靠收取入住老人服务费用维持日常运营，租期短、装修改造和维护费用高，随着租赁费用和人工成本逐年递增，赢利能力下降，运营发展比较困难。四是养老机构人才队伍建设成为养老服务发展的一大瓶颈。由于劳动时间长、劳动强度大导致护理人员长期处于超负荷工作状态，加之待遇低，工作没有上升空间，养老机构护理员队伍很不稳定，甚至难以招到护理员。五是养老机构的建设与老年人的养老服务需求存在脱节。过去的几年，养老床位数量有了大幅度的增加。但是，一方面老年人想入住养老机构一床难求，另一方面养老机构大量床位又处于空置状态。这说明，目前养老床位的发展出现了明显的结构性失衡问题。

针对上述问题，我们通过不同的渠道曾经提出过相关对策。

第一，适时把"居家为基础、社区为依托、机构为补充"的养老服务发展思路调整为"居家为主、机构为辅"。

（1）根据现行相关政策规定，社区养老兼具日间照料和居家养老支持两大功能，但实际上，居家养老支持正是居家养老服务的题中应有之义，居家养老与传统的家庭养老的最大区别就在于它是一种社会化养老服务。居家养老之所以成为主要养老形式就在于国家和社会建立起的一整套社会化的居家养老服务支持体系，其中社区居家养老服务是重要的一环。

（2）社区开展的日间照料和短期托养，本身就是一种机构养老服务，如果说以前的社区日间照料和短期托养基本上是由社区独立开办的，但现在的情况已经发生了很大变化，许多社区日间照料和短期托养服务已经委托社会力量运营管理，其中不少就是由社会力量投资举办的。

（3）只有明确提出"居家为主、机构为辅"，才能真正把发展养老服务的重点从重机构、轻居家转变为重居家、适度发展机构养老，更符合亿万老年人的养老服务需求。

第二，对养老服务机构必须分类分级管理。长期以来，我国对养老服务机构的管理习惯于按照所有制性质、分城乡实行差别化管理。这种管理方式已经不适应养老机构发展变化的新情况。我们所说的分类管理，是根据养老服务机构实际提供养老服务的种类进行管理。养老服务机构可以分为以下四类。

（1）老年公寓，以年轻老人和有一定经济能力的老年人为入住对象。老年公寓的性质是养老地产，老年人入住老年公寓，可以享受到基本的养老服务，但仍然是独立居住的。国家对老年公寓的开发建设和运营可以提供必要的土地、财税优惠，但一般不提供建设和运营补贴。发展"以房养老"，最主要的方式就是老年人把自己的房产抵押给银行或直接出售后入住老年公寓。

（2）养老院、托老所、敬老院等以基本自理和半自理老人为入住对象的养老机构。这类养老机构有比较完整和配套的养老服务，作为老年公寓入住老人中生活自理能力下降、需要更多专业化养老服务的老年人的接续服务机构，以及居家养老老年人中随着生活自理能力下降不再适宜居家、需要更多专业化养老服务的老年人的养老服务机构。

（3）护理院，这类养老服务机构以失能、半失能老年人为入住对象，提供全方位的养老服务,特别是专业化的医疗护理服务,这类养老服务机构必须是医养结合型的。

(4) 临终关怀机构,这是为护理院入住的老人及居家养老的老人在人生的最后一程设立的养老服务机构,也是目前我国养老服务机构发展的短板。

上述四类养老服务机构形成一种接续性的养老服务机构,老年人首先入住的是老年公寓,之后转入养老院、护理院,最后在临终关怀机构走完人生最后一程。不论是公办养老服务机构,还是民办养老服务机构,都应该明确自身的定位,究竟是上述四类养老服务机构中的哪一类。当然,规模比较大的养老服务机构,可以分区设立四类养老服务机构,在机构内形成接续性养老服务链。

第三,建立健全居家养老支持政策。因为中国人的传统养老观念和当前我国养老服务体系建设的滞后,决定了我国绝大多数老年人选择的是居家养老。据调研,选择居家养老的老年人超过90%,只有不到10%的老年人选择机构养老。北京的"9064"[①]和上海的"9073"[②]等地方性养老服务体系建设方案,正是根据老年人的这种养老意愿设计的。同家庭养老相比,居家养老是专业、高效的养老服务方式,具有明显的优势。同机构养老相比,居家养老是一种投入小、经济和社会效益更高的养老方式。[③]近年来,国家在发展居家养老服务方面出台了许多政策,关键是落实到位。

(1) 要进一步落实家庭成员赡养和扶养老人的法律责任。作为赡养人的家庭成员对老年人有经济上供养、生活上照料和精神上慰藉的义务,在法律层面上国家已经做出相关规定,要制定具体保障落实的政策措施。

(2) 要进一步健全居家养老的支持政策,实施有利于家庭发展的户籍政策、住房政策和税收政策,鼓励和支持家庭成员与老年人共同或就近居住。特别是制定鼓励和支持家庭成员与老年人共同生活或者就近居住的政策,以及用人单位按照国家有关规定保障赡养人探亲休假和请假照护老年人的权利的具体政策。

---

① 北京确定的"9064"方案是指90%的老年人选择居家养老,6%的老年人选择社区养老,4%的老年人选择机构养老。
② 上海确定的"9073"方案是指90%的老年人居家养老,7%的老年人依靠社区养老,3%的老年人依靠机构养老。
③ 青连斌. 我国家庭养老的困境与居家养老服务发展的趋势 [J]. 晋阳学刊,2016 (4):79-88.

（3）政府要加大对居家养老的财政投入。政府财政投入的方式很多，既包括政府的直接投入，也包括在用于养老服务的公益彩票金中列支合理比例支持居家养老服务，还包括政府为特殊人群的老年人购买居家养老服务。在当前各级政府加大公共服务体系建设，并加大政府购买基本公共服务的力度背景下，各级政府及相关部门应当将发展居家养老服务列入当地社会经济发展规划，纳入公共服务体系建设的重点领域，强化对发展居家养老服务的政策引导和扶持。

（4）要改进居家养老服务以更好地满足老年人的养老服务需求。一方面，现在相当多的居家养老服务并不一定符合老年人的需求，另一方面老年人的居家养老服务需求又无法得到满足。也就是说，有供给无需求，有需求无供给的问题比较突出。因此，整合各类居家养老服务资源，提高居家养老服务资源的利用效率，是当前发展居家养老服务必须着力解决的一个现实问题。

第四，政府"兜底"与公办养老机构的职能定位必须精准到位。我国《老年人权益保障法》规定，老年人无劳动能力、无生活来源、无赡养人和扶养人，或者其赡养人和扶养人确无赡养能力或者扶养能力的，由地方各级人民政府依照有关规定给予供养或者救助。这说明，在我国相关法律中，政府对老年人养老服务的"兜底"对象规定是明确的，即主要是城市的"三无"老年人和农村的"五保"老年人，现在的问题是如何"兜底"。不论"三无"老年人还是"五保"老年人，他们的具体情况千差万别，有能够自理的，有只能半自理的，也有不少是既失能又失智完全不能自理的，因此他们的养老服务需求存在很大的区别，政府需要为他们提供的养老服务和养老服务费用也存在巨大的差异。

（1）在公办养老机构改革中，必须解决形式单一、功能雷同、千篇一律的问题，要把公办养老服务机构建设成功能互补、各具特色的"专科"型养老机构，可以是针对失能半失能老年人的普通型养老院，或者是针对某类特定失能失智老年人的护理型养老机构，也可以是以临终关怀为主的特色型养老服务机构。

（2）对公办养老机构收住老年人的资格条件必须做出严格的规定，即主要是失能、半失能老年人，重点是"三无"老年人、低收入老年人、经济困难老年人中的失能、半失能老年人。申请入住公办养老服务机构的失能、半失能老年人，必须经过相应的评估，才能决定公办养老服务机构是否应该接受其入住，以及入住什么样的养老服务机构。

（3）入住公办养老服务机构的"三无"和"五保"老年人中的失能、半失能老年人，政府按照失能、半失能的具体情况以及养老机构提供服务的质和量，给予全额经费补偿。公办养老服务机构对低收入老年人、经济困难老年人中的失能、半失能老年人提供减免收费或低收费入住，政府提供差额补偿。面向社会上的失能、半失能老年人提供的经营性服务，则按照市场定价收取费用。

（4）对政府养老服务"兜底"对象中能够自理的老年人，政府应该鼓励他们居家养老，也可以采取购买公共服务的方式，鼓励他们入住民办养老机构。

（四）建立健全长期护理保障体系

长期护理保障，主要包括长期护理保险和长期护理服务两个大的方面。建立老年人长期护理保障体系，是近年来我国政府和学术界、养老服务机构和保险业界共同关注的一个重要议题。这是因为，我国几千万高龄老年人、失能老年人、空巢老年人，大多数体弱多病，需要接受长期护理服务。但是，一方面老年人的长期护理费用高昂，一般家庭难以承受；另一方面我国家庭结构已经高度核心家庭化，尤其是家庭的小型化，使得家庭成员越来越难以承担其他家庭成员的护理服务重担。只有适时建立长期护理保险制度和长期护理服务体系，才能有效地解决高龄老年人、失能老年人、空巢老年人的长期护理问题。可以说，建立我国长期护理保障体系，已经没有向后推延的时间了。

第一，要在总结试点经验的基础上全面建立长期护理保险制度，并确定为我国社会保险制度体系的"第六险"。为解决失能失智老年人的长期护理服务问题，青岛、南通、长春等部分地区先后进行了建立长期护理保险制度的探索。党的十八届三中全会明确提出，要"探索建立长期护理保险制度"。2016年，人力资源社会保障部办公厅出台了《关于开展长期护理保险制度试点的指导意见》，并确定在全国15个地区进行长期护理保险试点。要边试点边总结经验，逐步扩大覆盖范围，在条件成熟后及时将其确定为我国社会保险制度体系的"第六险"。

第二，要发挥商业保险机构的积极作用。鼓励商业保险机构建立长期商业护理保险，开发更多的老年护理保险产品，鼓励老年人投保长期护理保险产品，国家对商业保险机构开办长期护理保险和对老年人参保提供政策支持。

第三，要建立专业化长期护理服务提供体系。无论是政府主导的长期护理保险，还是商业保险机构举办的商业护理保险，都只是解决护理费用的问题。失能失智老年人的长期护理必须由专业的长期护理服务机构和人员来提供。因此，要建立从居家、社区到专业机构等比较健全的专业化长期护理服务提供体系，开展老年人护理服务。与此同时，要进一步落实好将有关医疗康复项目纳入基本医疗保障范围的政策，为失能、失智和部分失能老年人治疗性康复提供相应保障。

四、健全和完善"一小"政策和制度体系[①]

虽然人口老龄化是不可逆转的世界性趋势，但只要应对及时、措施有针对性有力度、相关经济社会政策配套衔接得好，人口老龄化的进程是可以适当延缓的。对人口老龄化进程起决定性作用的两个主要因素中，人口预期寿命的延长是不可逆转的趋势，只有生育率才是主动作为延缓人口老龄化进程的可变因素。在生育意愿和生育率双下降的背景下，只有采取各种综合措施抑制生育率的下降趋势，使生育率尽可能回归人口正常世代更替水平，才是主动作为有效延缓人口老龄化进程的根本之策。

（一）我国生育率已经低于人口世代更替水平

社会可持续发展的一个重要前提，就是人口的可持续发展。在人口预期寿命相对稳定的条件下，要保证人口相对于上一代既不增加也不减少的世代更替，平均每对夫妇要生育两个孩子。由于各种原因，总有一部分小孩不能长大成人，因而人口正常世代更替率要大于2。国际上通常认为2.1是人口正常世代更替水平，也就是说，平均每对夫妇要生育2.1个孩子，才能保证人口的正常世代更替。如果生育率高于世代更替水平，人口会增加，反之则会减少。当然，世代更替水平并不是一个常量，而是一个变量，因为婴幼儿死亡率、孕妇死亡率、性别比等的不同，处于不同发展阶段的国家的世代更替水平是存在差异的，但毫无疑问，必须大于2。

从国际上看，无论是发达国家还是发展中国家，出生率下降是各个国家

[①] 青连斌. 应对人口老龄化的另一种思路[J]. 湖湘论坛, 2019（1）: 46-51.

的共同趋势。从19世纪初期开始，欧美发达国家就出现了生育率的大幅下降。世界银行的数据显示，高收入国家尽管近20年生育率略有回升，但也仅仅整体保持在1.62的水平。① 从20世纪60年代开始，中等收入国家出生率出现稳定下降。目前，中低收入和低收入国家虽然出生率仍然比较高，但也呈稳定下降的趋势。

"根据以往的经验，全国绝大多数地区和人口已经进入'极晚婚—极晚育'和'生育意愿较低—生育成本很高'的婚育模式。"② 我国从2016年1月1日开始实施全面二孩政策，但事实上"60后""70后"绝大多数已经错过适龄生育的时机，处在想生而不能生、也不敢生的窘境，"80后""90后"则处在能生而不想生、也不敢生的纠结状态。

有学者曾经做过这样的测算：假想全社会生一孩、二孩、三孩的家庭各占1/3，家庭平均生育孩子数是2，再考虑1/8不孕不育的比例，平均生育孩子数只有1.75，远低于更替水平。③

根据国家统计局发布的数据，2010—2014年，我国的生育率分别只有1.18、1.04、1.26、1.24、1.28，平均为1.20。即使考虑到漏报因素，把这5年的生育率数据调高10%，平均生育率也只有1.32，远远低于人口正常世代更替水平。即使把这5年的生育率数据调高15%，平均生育率也不到1.4，仍然大大低于人口正常世代更替水平。"不管对低生育率如何争论，中国进入低生育率时代已经是一个不争的事实，已经成为各界的共识。"④

（二）"一小"问题兹事体大关乎国策

"一小"问题，包括生育和抚育，这不仅是事关延缓人口老龄化进程的大问题，是有效应对人口老龄化顶层制度设计的一个重要方面，更是事关国家长治久安、民族永续发展的战略问题，必须提到国家根本战略的高度来认识。

近代以来，中国人口增长速度远低于世界平均水平。我国人口占世界总人口的比重，1820年、1900年、1950年、1980年分别为36.6%、25.6%、21.8%、22.1%，2015年约为18.7%。从历史的长河来看，我国人口占世界

---

① 甘犁. 二孩放开了，为何生育率还在下降？[EB/OL]. http://new.qq.com/omn/20180520/20180520B07FKX.html.
②④ 穆光宗. 低生育率给中国带来哪些长期困扰？[EB/OL]. http://big5.china.com.cn/gate/big5/m.china.com.cn/appshare/doc_1_36_223148.html.
③ 梁建章，黄文政. 中国人口生育率到底有多低，取消计生政策迫在眉睫[EB/OL]. http://www.chamiji.com/201805235472.html.

总人口的比重是不断下降的。① 从 1950 年到 1980 年,我国人口占世界总人口的比重是上升的,但也仅仅上升了 0.3 个百分点,但是,从 1980 年到 2015 年则下降了 3.4 个百分点。也就是说,后 30 多年我国人口占世界人口比重的下降速度,相当于前 30 年上升速度的 10 倍。② 虽然 2015 年我国人口数 13.75 亿人是 1950 年 5.52 亿人的 2.49 倍,但 2015 年仅仅出生 1 655 万人,远远低于 1950—1954 年平均每年出生 2 100 多万人的水平。

根据 2010 年人口普查数据,"80 后""90 后""00 后"的人口数量分别是 2.19 亿、1.88 亿、1.47 亿。从"80 后"到"00 后"不到一代人时间,出生人口就萎缩了 32%。③ 有学者做过测算,如果生育率一直维持在 1.4 左右的水平,那么总人口将以每 50 年减少一半的速度萎缩。

过低的生育率,将对我国的未来发展,特别是中华民族的伟大复兴构成严峻的挑战。一方面,目前面临的人口老龄化问题将会更趋严重。只有努力使生育率尽可能回归人口正常世代更替水平,才能有效延缓人口老龄化进程,降低人口老龄化对经济社会发展的影响。另一方面,人口始终是经济社会发展和民族复兴的第一资源。过低的生育率,不仅将使我国总体人口规模不断萎缩,更会使我国人口数占世界人口总数的比重快速下降,我国将逐步失去人口优势,国家经济社会发展和民族复兴所必需的人口条件将不复存在。"从长远看,中华民族的伟大复兴最关键是要重建已被破坏的人口生态。"④ 所以,必须从国计民生和中华民族伟大复兴的高度,把解决"一小"问题,将提升生育率上升为国家发展战略。这一战略,既是国家基础性战略,也是国家根本性战略。

(三) 必须制定和实施更加积极的人口政策

国际经验表明,当一个国家或地区的生育率跌破 1.5 以后,要回归到保证人口世代更替的 2.1 以上是非常困难的。⑤ 在一个国家或地区的生育率过高时,政府可以采取强有力措施控制人口过快增长,这比较容易做到。但是当

---

①③ 黄文政. 低生育率的危害可能未来百年都缓不过来 [EB/OL]. http://www.fx361.com/page/2017/0324/1304787.shtml.

② 梁建章,黄文政. 中国人口生育率到底有多低,取消计生政策迫在眉睫 [EB/OL]. http://www.chamiji.com/201805235472.html.

④ 穆光宗. 低生育率给中国带来哪些长期困扰?[EB/OL]. http://big5.china.com.cn/gate/big5/m.china.com.cn/appshare/doc_1_36_223148.html.

⑤ 闫肖锋. 解决低生育率需要系统思维 [J]. 中国新闻周刊,2018 (6).

一个国家或地区的生育率过低时,政府寄希望于采取措施鼓励生育,提高生育率,预防或遏制人口负增长,就不一定能够达到理想的效果了。从北欧国家、苏联,以及我们的近邻韩国和新加坡等国家,都可以看到类似的情形。

由于各种原因,我国生育率实际上早就已经大大低于人口世代更替水平。因而,率先推出了"双独二孩"政策、"单独二孩"政策,2016 年又实施"全面二孩"政策。根据国家相关部门的统计数据,2017 年出生人口 1 723 万人。一方面,2017 年出生人口数比 2016 年减少 63 万人;另一方面,在新增人口中,一孩数只有 724 万人,比 2016 年还减少 249 万人,近 1 000 万为二孩。这是近 20 年来首次出现二孩出生数高于一孩出生数的情况。这说明,2017 年我国出生人口数的下降,最主要的因素是很多育龄夫妇不愿意生也没有生一孩。"可见,全面放开二孩的政策实际上已经减缓了人口出生率下降的幅度,人口出生率的下降主要是由于一孩出生率的下降。"① 如果没有"全面二孩"政策的实施,2017 年我国出生人口数会更少。

"全面二孩政策远不足以维持人口的正常更替。"② 因为即使全国平均每对夫妇都生育两个孩子,生育率仍然低于人口正常世代更替水平,从长远来看这个国家的人口还是会缓慢减少的。更何况总有一部分夫妇不愿意生二孩,甚至还有一部分夫妇连一个孩子也不愿意生,还有一部分夫妇即使愿意生育但没有生育能力,因此,要使生育率达到 2.1 的人口世代更替水平,就必须有一部分夫妇生育三孩及以上。有学者曾经做过这样的测算:假使不同家庭愿意并生育的孩子数分别是 6 个、3 个、2 个、2 个、1 个、1 个、0 个,7 个家庭将生育 15 个孩子,生育率为 2.14,可以达到人口世代更替水平;但是,在全面二孩政策背景下,生育数量最多为 2 个、2 个、2 个、2 个、1 个、1 个、0 个,7 个家庭总共才生育 10 个孩子,生育率仅为 1.43。1.43 的生育率,意味着每代人减少 33.5%,每两代人减少 55.8%。"如果生育率一直处于这个水平且人均寿命基本稳定,那总人口将以每 50 年减少一半的速度衰减。"③

为有效延缓我国人口老龄化进程,为国家经济社会发展和中华民族伟大复兴创造良好的人口条件,必须制定和实施更加积极的人口发展战略和人口

---

① 甘犁. 二孩放开了,为何生育率还在下降? [EB/OL]. http://new.qq.com/omn/20180520/20180520B07FKX.html.

②③ 梁建章,黄文政. 中国人口生育率到底有多低,取消计生政策迫在眉睫 [EB/OL]. http://www.chamiji.com/201805235472.html.

政策。具体地说，可以一步到位地放开，也可以分两步走。所谓"一步到位地放开"，就是取消生育限制，"目前我国的生育率实在太低了，已经失去了继续限制生育的理由"①。实际上，在人们生育观念已经发生根本性改变、生育成本已经很高且生育意愿已经很低的背景下，放开生育限制是不可能带来人口的爆炸性增长的，这样的担忧也是多余的。所谓"分两步走"，就是先放开"全面三孩"政策，并在人口老龄化程度和速度均高于全国平均水平的地区率先全面放开生育，然后适时在全国范围内全面放开生育。

从一步到位地放开和分两步走来看，后者比较稳妥，但可能时间拖得比较长，可能错失目前正值生育年龄这一代人生育意愿还相对比较高、提高他们的生育率还比较容易的时机。前者有一定的风险，但比较简便，而且可以更充分利用目前正值生育年龄这一代人生育意愿还相对比较高的有利时机，相对比较快地提高生育率，有效遏制我国人口生育率下降速度和人口老龄化上升速度"双过快"的势头。

（四）促进生育政策与相关经济社会政策的配套衔接

党的十九大报告提出，要"促进生育政策与相关经济社会政策的配套衔接"，这是具有极为重大现实意义和针对性的导向。针对我国生育成本越来越高，国民生育意愿下降，生育率持续走低的现实，要实现"全面二孩"政策的目标，并进而实现全面放开生育，促进我国人口的可持续发展，必须制定和实施与生育政策相配套的一系列经济社会政策。

根据 2015 年原国家卫生计生委进行的生育意愿调查结果，因为经济负担、太费精力和无人看护而不愿生育第二个子女的分别占到 74.5%、61.1%、60.5%。② 此外，用人单位因女职工生育二孩提高人工成本而产生的就业歧视，女性产假、哺乳假等权益落实不到位、母婴设施缺乏，女性在兼顾家庭和事业发展方面存在很多顾虑等，也是育龄妇女生育意愿走低、不愿意生育第二个孩子的重要原因。

要实现同建设社会主义现代化强国目标相适应的人口可持续发展战略目标，必须针对目前育龄人口生育意愿低迷、生育率持续下降的主要原因，借鉴一些国家和地区的经验，制定和实施鼓励生育的相关经济社会政策。

---

① 何亚福. 扭转我国低生育率现状，宜放开三孩限制［N］. 新京报，2016-09-26.
② 吴佳佳. 全面两孩实施一年生育率升至 1.7 仍低于正常更替水平［N］. 经济日报，2017-02-14.

第一，大力发展幼托服务。

"德国的经验表明，幼儿看护公共服务覆盖率上升10%能提高生育率3.4%，瑞士在2002年进行了儿童看护制度改革，发现降低看护成本能有效提高生育水平和妇女就业率。"① 党的十九大报告把保障和改善民生的目标从"五有"拓展为"七有"，其中第一"有"即"幼有所育"。

"幼有所育"，首先要解决的问题就是学前儿童入园难的问题。入园难、入园贵是许多育龄夫妇不愿生、不敢生第二个孩子，甚至一个小孩也不愿生、不敢生的重要原因。因为托幼服务发展的滞后和供给不足，许多女性因为担心看护婴儿不得不放弃工作，或者无法全身心投入工作，将影响自己的职业发展而选择放弃生育。为了解决这一问题，国家有关方面制定了到2020年要实现全国学前教育三年毛入学率达到85%，其中80%的儿童要进入普惠性幼儿园的发展目标。现在的关键是如何实现这一目标。这里，有两个问题值得研究和解决：一是托幼服务不是单纯的学前教育，它还是国民福利的重要方面，要实现从单纯的教育职能向教育职能与国民福利并重的理念转变；二是普惠性幼儿园虽然是公益性的，还是可以走市场化发展道路，政府要鼓励企业、机关事业单位、社区利用闲置场地举办托幼机构，鼓励社会资本进入托幼服务领域，政府对托幼服务提供货币补贴和政策扶持，政府、市场和社会既有分工，更有合作，充分发挥多元主体的积极性和作用。

第二，完善和严格落实带薪产假、陪产假制度。

我国在法律制度上解决了带薪产假的制度安排，但关键是完善和落实。一些育龄夫妇不愿意生育，同担心休产假将影响职业发展、产假时间短等有关。

产假制度的完善和落实，要解决好三个问题。

一是我国目前法定的产假时间相对比较短，要在避免过度影响企事业单位生产经营的前提下适当延长假期。一些国家的做法值得我们借鉴。比如德国的产假时间，从1927年的6周，1992年延长到3年；俄罗斯的产假时间，则从原来的12周，延长到了现在的4年半；瑞典还规定，在孩子满8岁前，父母有权享有共计480天的育儿假。② 显然，我国的产假时间要延长到数年是

---

① 甘犁. 二孩放开了，为何生育率还在下降？ [EB/OL]. http://new.qq.com/omn/20180520/20180520B07FKX.html.

② 闫肖锋. 解决低生育率需要系统思维 [J]. 中国新闻周刊, 2018 (6).

不现实的，要认真研究究竟应该且能够延长到多长时间。

二是机关事业单位和企业要切实保障员工生育期间产假休假权利，这是机关事业单位和企业必须履行的法定责任和义务，不得以任何理由随意缩短假期。

三是政府要通过税费减免等扶持政策，补偿员工生育增加的企业成本。生育是女性对人类繁衍后代所做出的巨大贡献，生育行为的成本不应该主要由用人单位承担，更不应该主要由女性及其家庭承担，而应该主要由全社会合理地分担。由全社会合理分担的最现实途径，就是政府对用人单位和家庭的生育成本进行补偿。

第三，借鉴国际经验，建立和实施生育津贴和育儿津贴制度。

为了鼓励生育，许多国家都建立和实施了生育津贴、育儿津贴，或综合性的家庭津贴等制度。尽管各个国家的津贴名目不同，但目的都是减轻家庭在生育、育儿等方面的负担。北欧国家的生育津贴支付时间，大都在一年以上，支付水平有所差异。芬兰的产妇最长可以享有44周、相当于原工资70%~90%的生育津贴。丹麦和挪威的产妇分别可以享有50周和47周、相当于原工资100%的生育津贴，也可以按原工资的80%享有57周生育津贴。对于低收入或无收入的家长，瑞典设立了每天180克朗的最低生活保障线。在北欧国家，从怀孕到生育的所有检查和住院治疗都是免费的，家长照顾生病的子女还可以享有照顾津贴。比如瑞典政府规定，父母一年中照顾一个病患儿童可以享有原工资的80%、最长120天的照顾津贴。法国的家庭津贴项目繁多，覆盖了一个家庭的子女从出生到独立成人、从照护养育到入学受教育的各个阶段的全部需求，该制度面向所有居住在法国、有两个及以上子女的家庭，津贴标准随子女数量的增加而增加，有4个以上子女的家庭每增加1个小孩，还会增加一份额外津贴（额外津贴项目在2015年的家庭津贴制度改革中被取消）。日本为了使女性更好地兼顾家庭和工作，使婴幼儿得到更多照顾，2015年4月开始将6个月以内的育儿休假津贴从原工资的50%提高到67%，3岁以下的儿童每月享有1.5万日元儿童补贴，3岁以上至15岁以下的儿童为每月1万日元。在俄罗斯，小孩出生时就一次性付清14 500卢布的儿童津贴，并从第三个孩子起发放另外的儿童津贴，另外，有小孩的家庭还可以获得一笔

45 300 卢布的母亲家庭资本。①

其他国家在生育津贴、儿童津贴、家庭津贴方面的做法值得我们借鉴和学习，但不能照搬。建立和实施我国生育津贴、育儿津贴和家庭津贴制度，要理顺和解决好三个问题。

一是不能以生育保险取代生育津贴，也不能以建立了生育保险制度为由反对建立生育津贴制度。我国为有就业单位的女性劳动者建立了生育保险制度，截至 2017 年参保人数达到 1.924 亿人，没有就业、没有单位的女性则参加不了生育保险。生育保险属于社会保险范畴，其资金主要来自用人单位缴费形成的生育保险基金；生育津贴则属于社会公共福利范畴，其资金主要来自国家财政。因此，两者不能互相取代，而是相互补充的。

二是生育津贴和育儿津贴是两个独立的津贴项目，前者是对生育的父母在生育假期因为失去收入或收入减少而提供的一种社会补偿，后者是对家庭养育婴幼儿的成本提供的一种社会补偿，两者都是普惠性的社会福利。

三是鉴于我国尚处于社会主义初级阶段的基本国情，制定和实施这两项津贴制度的目的是鼓励生育，因而既可以考虑从"二孩"开始才能享受生育津贴和儿童津贴，也可以考虑"一孩"只能享有一半的津贴，以更好地发挥这两项津贴制度的激励作用。

第四，个人所得税对多子女家庭实行税收减免或扣除。

许多生育率低、人口老龄化严重的国家，在个人所得税的设计上都对多子女家庭实行了税收减免，一方面减轻了多子女家庭的经济负担，另一方面也是对多子女家庭在人口发展和种族繁衍方面所做贡献的一种社会补偿，因而促进了社会公平。税收减免的具体方案主要有两种，一是根据家庭孩子的数量进行一定的税收抵免；二是对多子女家庭实施分等级税收制。在美国，每个孩子每年可减免 400 美元个人所得税。在西欧一些国家，按家庭子女的多少，设计了不同档次的个人所得税税率。在德国等国家，多子女家庭中的夫妻一方可免除个人所得税。近年来，在我国学术界甚至全国"两会"上，家庭抚养费用抵扣个人所得税的呼声也越来越高。2018 年公布的《个人所得税法修正案（草案）》在专项附加扣除中把子女教育等支出纳入其中，显然是一大推进，但仍然是不够的。必须把应对低生育率和人口老龄化的制度设计，

---

① 郑功成. 中国社会保障发展报告 2016 [M]. 北京：人民出版社，2016：318-358.

体现到包括个人所得税等制度和政策制定和实施的全过程之中。

从许多国家和地区鼓励生育的政策、措施的制定和实施情况看，政策、措施实施后通常要5~10年才能显现其效果。面对我国目前生育率持续走低、人口老龄化加速的严峻现实，时不我待，必须抓紧进行应对人口老龄化的顶层制度设计。

五、本章小结

（一）要准确把握我国人口老龄化的总体趋势

我国自2000年开始，就已经跨入了老龄化国家的行列。由于我国人口生育率下降速度快，生育水平将在较长时间里保持较低水平，在人口预期寿命较快延长的共同作用下，我国人口老龄化速度之快将是世界上所罕见的。同其他国家和地区相比，我国人口老龄化除具有速度快、规模大、不平衡等特点外，还有一个重要特点，就是"三多"加"一多"的特点。"三多"就是失能老年人多、高龄老年人多、空巢老年人多；"一多"则是老年慢性病人多。这一特点说明我国老年人长寿不健康的问题比较突出，预期寿命比较长，但健康寿命相对比较短。"三多"老年人大多数生活自理能力差，其日常生活需要别人照料。他们同"一多"老年人还有一个共同需求，就是对医疗服务的需求很旺盛。

30多年前我们没有察觉我国人口老龄化的悄悄到来，我们不能也没有理由去指责当时的人们为什么没有能够察觉到。关键是今天我们面对人口老龄化的严峻现实，我们必须严肃地思考我们应该做点什么，怎么样才能更好地应对人口老龄化的现实。

（二）发展养老服务理念更新要先行

理念是行动的先导。做好应对人口老龄化的顶层制度设计，既要遵循世界人口老龄化的一般规律，以马克思主义唯物论辩证法和相关科学理论为指导，又要更新理念，以新理念引领顶层制度设计和应对策略的制定实施。

人口预期寿命不断延长，是确立"老年人"不是绝对的而是相对的这一理念的客观基础，也是延长退休年龄的客观基础，确立和坚持这一理念是顺利推进延迟退休年龄政策的必要前提。确立和坚持老年人不是负担和累赘而是经济社会发展的参与者、贡献者这一理念，强调的是要重新认识老年人，既要在全社会形成尊老、爱老、敬老的良好氛围，也要充分发挥老年人社会财富继续创造者和社会发展进步积极贡献者的作用。确立和坚持促进健康老龄化更要引导和推动积极老龄化这一理念，既顺应了国际社会人口老龄化理论的最新发展，又顺应了老年人积极参与经济社会发展和公共事务的强烈诉求，这是国家制定和实施应对人口老龄化战略必须坚持的重要理念。确立和坚持人口老龄化是不可逆转的世界性趋势但其进程与影响是可以延缓和减轻的理念，强调的是应对人口老龄化必须有所作为，要加强人口发展战略研究，制定和实施更加积极的人口发展战略和政策，当务之急是把提高生育率上升为国家发展战略。

（三）要健全和完善"一老"政策和制度体系

有效应对人口老龄化，首先要健全和完善"一老"政策和制度体系，解决好老年人的养老问题，从而尽可能地削减老龄化带来的负面经济社会影响。健全和完善"一老"政策和制度体系要解决好两大关键问题：一是养老保险，或者说养老金。目前，我国养老保险虽已实现制度全覆盖，但责任分担失衡、互助共济功能弱化、多元并举格局并未形成，其不确定性损害了人们的安全预期。二是养老服务。随着人口老龄化、生育率下降和家庭小型化，传统的家庭养老保障功能越来越弱化，人们对社会化养老服务的需求不断上升。这两大难题，正是人口老龄化对我国养老保障体系建设提出的两大挑战。面对数亿老年人持续高涨的养老保障诉求和钱从何来、谁来服务、怎样服务的疑虑，必须尽快健全我国养老保险、长期护理保险的制度体系和以居家为基础、机构为补充、医养相结合的养老服务政策体系，从而构建起保障全体人民"老有所养"的顶层制度和政策框架。

在养老服务顶层制度和政策框架方面，要适时把以"居家为基础、社区为依托、机构为补充"的养老服务发展思路调整为"居家为主、机构为辅"；要对养老机构分类分级管理；建立健全居家养老支持政策；政府"兜底"与公办养老机构的职能定位必须精准到位。要建立健全长期照护保障体系，在总结试点经验的基础上全面建立长期护理保险制度，并确定为我国社会保险制度体系的"第六险"。在长期照护保障体系建设中，要发挥商业保险机构的积极作用，要重视专业化长期照护服务提供体系的建设。

（四）要健全和完善"一小"政策和制度体系

虽然人口老龄化是不可逆转的世界性趋势，但只要应对及时、措施有针对性有力度、相关经济社会政策配套衔接得好，人口老龄化的进程是可以适当延缓的。对人口老龄化进程起决定性作用的两个主要因素中，人口预期寿命的延长是不可逆转的趋势，因而只有生育率才是主动作为延缓人口老龄化进程的可变因素。在生育意愿和生育率双下降的背景下，只有采取各种综合措施抑制生育率的下降趋势，使生育率尽可能回归人口正常世代更替水平，才是主动作为有效延缓人口老龄化进程的根本之策。

过低的生育率，将对我国的未来发展，特别是中华民族的伟大复兴构成严峻的挑战。一方面，目前面临的人口老龄化问题将会更趋严重；另一方面，人口始终是经济社会发展和民族复兴的第一资源。所以，必须从国计民生和中华民族伟大复兴的高度，把解决提升生育率问题上升为国家发展战略。这一战略，既是国家基础性战略，也是国家根本性战略。为有效延缓我国人口老龄化进程，为国家经济社会发展和中华民族伟大复兴创造良好的人口条件，必须制定和实施更加积极的人口发展战略和人口政策，并落实好党的十九大报告提出的"促进生育政策与相关经济社会政策的配套衔接"。针对我国生育成本越来越高，国民生育意愿下降，生育率持续走低的现实，要实现"全面二孩"政策的目标，促进我国人口的可持续发展，必须制定和实施与生育政策相配套的一系列经济社会政策。

第二章

"互联网+"——养老服务社会化新动能

互联网正在深刻地改变着人们的学习、工作和生活方式,甚至影响着整个经济社会发展的进程。"互联网+"已经成为经济社会创新发展的重要驱动力量。"互联网+"养老服务并不能取代传统的养老服务机构、居家养老服务中心和社区养老,它主要是运用互联网技术手段对传统养老服务业等进行整合、改造升级。"互联网+"养老服务作为养老服务业的一种升级业态,既可以是通过对传统养老服务业的升级改造而形成新的"互联网+"养老服务业,也可以是养老机构、社区、居家养老服务中心运用"互联网+"技术手段开展养老服务,还可以是互联网运营机构运用自己的网络信息平台开展养老服务。对传统养老服务业的改造升级,以及养老服务供需双方与养老服务信息平台建立连接、取长补短、深度融合,形成了"互联网+"养老服务的不同模式。"互联网+"养老服务是对传统养老服务的超越,它能有效地促进供需匹配,优化养老服务资源的配置和整合,节省人工成本,更好地满足老年人多层次、多样化和个性化需求,促进养老服务的智能化、专业化和标准化,提高养老服务的水平和质量。

一、"互联网+"时代的来临

"互联网+"具有互联网的所有特性,同时又具有许多新的特性。"互联网+"在向纵深发展,在经济、政治、文化、社会以及人们生活中的作用和影响将会越来越大。"互联网+"已经成为经济社会创新发展的重要驱动力量。

（一）互联网的产生及其深远影响

互联网又称国际网络，通常用英文 Internet 表示，也被音译为因特网、英特网。将计算机网络互相联结在一起的方法称作"网络互联"，互联网就是在此基础上发展为覆盖全世界的全球性互联网络。通过互联网，可以将信息瞬间传送给万里之外的数以亿计的人。互联网构成了信息社会最重要的基础设施。

互联网诞生于 1969 年的美国。美国国防部研究计划署在阿帕网（ARPA）制定的协定下，首先用于军事连接，后将美国加利福尼亚大学洛杉矶分校、斯坦福大学研究学院、加利福尼亚大学和犹他州大学四台主要的计算机连接起来。美国国家科学基金会资助建设的 NSF 网，是推动互联网发展的一个广域网。它最初的目的是连接全美 5 个超级计算机中心，供 100 多所美国大学共享它们的资源。

阿帕网和 NSF 网最初都是为科研服务的，其主要目的是为用户提供共享大型主机的宝贵资源。最初互联网是由政府部门投资建设的，只限于研究部门、学校和政府部门使用。除了直接服务于研究部门和学校的商业应用之外，其他的商业行为是不允许的。随着接入主机数量的增加，越来越多的人把互联网作为通信和交流的工具。一些公司还陆续在互联网上开展商业活动。随着互联网的商业化，其在通信、信息检索、客户服务等方面的巨大潜力被挖掘出来，使互联网有了质的飞跃，并最终走向全球。

我国互联网的发展，起步比欧美国家晚，但进入 21 世纪以来得到了快速发展。根据中国互联网协会发布的数据，截止到 2017 年年底，我国互联网用户中，网民数达 7.72 亿人，即时通信用户达 7.20 亿户，搜索服务用户达 6.40 亿户，网络视频用户达 5.79 亿户，网络音乐用户达 5.48 亿户，网络购物用户达 5.33 亿户；从互联网市场规模看，第三方互联网支付达 143.26 万亿元，电子商务达 29.16 万亿元，网络零售达 7.18 万亿元，网络广告达 3 828.7 亿元，网络游戏达 2 354.9 亿元。[①] 截止到 2018 年年底，我国网民规模达到 8.29 亿人，全年新增 5 653 万人，互联网普及率达到 59.6%，比上一年上升 3.8%；手机网民规模达 8.17 亿人，全年新增 6 433 万人；网民使用手机上网的比例高达 98.6%，使用台式电脑、笔记本电脑上网的用户比例分别为

---

① 中国互联网协会. 2019 年 43 次互联网络发展报告 [EB/OL]. https://tech.sina.com.cn.

48.0%和35.9%，使用电视上网的用户比例为31.1%；即时通信用户规模达7.92亿户，网民使用比例为95.6%，手机即时通信用户达7.80亿户，占手机网民的95.5%；网络新闻用户规模达6.75亿户，网民使用比例为81.4%，手机网络新闻用户规模为6.53亿户，占手机网民的79.9%；网络购物用户规模达6.10亿户，网民使用比例达73.6%，手机网络购物用户规模为5.92亿户，占手机网民的72.5%。[①] 我国互联网的发展已经形成规模，互联网的应用越来越多元化。互联网正在深刻地改变着人们的学习、工作和生活方式，甚至影响着整个经济社会发展的进程。

（二）"互联网+"的含义和基本特征

早在2012年12月7日，习近平在参观考察腾讯公司时就指出，"现在人类已经进入互联网时代这样一个历史阶段，这是一个世界潮流，而且这个互联网时代对人类的生活、生产、生产力的发展都具有很大的进步推动作用。""互联网+"的时代随之到来，互联网已经融入社会生产生活的方方面面，深刻地改变了整个社会的生产方式、生活方式、消费方式以及人们的交往方式、社会结构和社会治理方式。

2015年3月，李克强总理在全国"两会"上所作的政府工作报告中提出"互联网+"行动计划，"互联网+"成了媒体争相报道的热门话题、学术界研究的热点课题、业界探索跨界发展的新路径。2015年6月24日，李克强总理主持召开国务院常务会议部署推进"互联网+"行动。

那么，究竟什么是"互联网+"？如何界定它的准确含义？

在互联网行业，对"互联网+"的概念做出过多种解释。腾讯董事会主席兼CEO马化腾在2015年3月曾向全国人大提交了《关于以"互联网+"为驱动，推进我国经济社会创新发展的建议》。根据马化腾的解释，"互联网+"就是以互联网为平台，利用信息通信技术与各行业的跨界融合，推动产业转型升级，并不断创造出新产品、新业务和新模式，构建连接一切的新生态，简单说就是"互联网+××传统行业＝互联网××行业"。[②] 李彦宏把"互联网+"

[①] 中国互联网络信息中心（CNNIC）.中国互联网络发展状况统计报告（2019）[EB/OL]. http://www.199it.com/archives/839412.html.

[②] 佚名.解读：李克强政府报告中的"互联网+"是什么[EB/OL]. http://economy.caijing.com.cn/20150305/3832729.shtml.

理解为互联网与其他传统产业的一种结合模式。① 雷军认为，"互联网+"就是用互联网的技术手段和互联网思维，与实体经济相结合，促进实体经济的转型、增值和提效。②

"互联网+"是互联网思维的升级，"互联网+"就是"互联网+各个传统行业"，但并不是互联网与传统行业、产业的简单相加，而是利用信息通信技术以及互联网平台，实现互联网与传统行业、产业的深度融合，创造出新的发展生态。将互联网的创新成果深度融合于经济社会各个领域之中，充分发挥互联网在社会资源配置中的优化和集成作用，形成更广泛的以互联网为基础设施和创新要素的经济社会发展新形态。

"互联网+"具有互联网的所有特性，同时又具有许多新的特性。杨健把互联网时代的特征概括为"去中心化""实时连接""公开透明""自组织"和"不可复制性"。他认为，"去中心化""实时连接""公开透明"这三个特征，不再只是指代互联网技术，也不再限于互联网，而是互联网时代的特征；"自组织"和"不可复制性"则在商业方面的变化尤为明显。③ 朱雷等把"互联网+"的特征概括为"跨界融合""渗透能力""强劲驱动力""去中心化""虚实结合""重构碎片化"和"个性化"七个特征。④ 张晓峰则把"互联网+"时代的特征概括为"跨界融合""创新驱动""重塑结构""尊重人性""开放生态""连接一切"六个特征。⑤ 百度百科词条"互联网+"，也是把"互联网+"的特征概括为这样六个方面。⑥ 对"互联网+"的特征，可以从不同的角度、不同的方面进行概括。实际上，"互联网+"的许多特征还并没有被我们充分认识到，正如对"互联网+"的经济社会影响我们还没有完全预料到一样。正如朱雷等指出的，"'互联网+'继承了互联网的优势和特点，又

---

① 佚名. 李彦宏谈互联网与传统产业结合：化腐朽为神奇 [EB/OL]. http://www.chinanews.com/gn/2015/03-11/7118892.shtml.
② 湖北电视新闻中心. 让雷军告诉你："互联网+"是什么？[EB/OL]. http://www.zx590.com/a/16/39525176.html.
③ 杨健. 互联网+2.0——供给侧改革与企业转型升级路线图 [M]. 北京：机械工业出版社，2016：9-15.
④ 朱雷，杨欢，张世才. 互联网+模型构建——深度解读互联网+的8大核心技术 [M]. 北京：机械工业出版社，2017：17-21.
⑤ 马化腾等. 互联网+——国家战略行动路线图 [M]. 北京：中信出版社，2015：46-62.
⑥ 百度百科. 互联网+ [EB/OL]. https://baike.baidu.com.

在此基础上深入发展","它还有一些不为人知的特性等待我们挖掘"。①

(三)"互联网+"的技术基础

"所谓'互联网+',是指以互联网为主的一整套信息技术(包括移动互联网、云计算、大数据、物联网等配套技术)在经济、社会生活各部门的扩散、应用,并不断释放出数据流动性的过程。"② 真正推动"互联网+"快速发展的,是"云"(云计算、大数据)、"网"(互联网、移动互联网、物联网)和"端"(终端、App)等技术的发展和进步。

"云",主要包括大数据、云计算等基础设施。大数据就是信息时代的产物。所谓"大数据",是"指无法在一定时间范围内用常规软件工具进行捕捉、管理和处理的数据集合,是需要新处理模式才能具有更强的决策力、洞察发现力和流程优化能力的海量、高增长率和多样化的信息资产"③。大数据包括结构化、半结构化和非结构化数据,其中非结构化数据越来越成为大数据的主要组成部分,且增长速度也是最快的。IBM 曾把大数据的特点概括为 5V,即 Volume(体量大)、Velocity(速度快)、Variety(多样性)、Value(低价值密度)和 Veracity(真实性)④。朱雷等在《互联网+模型构建:深度解读互联网+的 8 大核心技术》一书中也将大数据概括为五个特点,其中前面四个特点与 IBM 的概括是一致的,但第五个特点 Veracity(真实性)被 Complexity(复杂性)所替代。⑤ 目前,大数据在科学研究、政府政务处理、城市管理、企业人力资源管理和产业转型、医疗与健康服务、金融、电子商务等领域得到了空前广泛的运用。

在信息界,有两个重要定律。一是"摩尔定律",当价格不变时,集成电路上可容纳的元器件数目每隔 17~24 个月就会增加一倍,这一定律反映的是集成电路的发展趋势。二是"安迪—比尔定律",硬件性能的提高,会很快被软件性能的提高所吞噬,这一定律反映的是硬件软件升级换代的趋势。系统和软件性能的提升,会消耗硬件设备的资源,而大数据的汲取和挖掘需要非常复杂的处理能力,即便是数十台大型机堆叠在一起也很难完成巨量数据的

---

① 朱雷,杨欢,张世才. 互联网+模型构建:深度解读互联网+的 8 大核心技术 [M]. 北京:机械工业出版社,2017:17-21.
② 阿里研究院. 互联网+:从 IT 到 DT [M]. 北京:机械工业出版社,2016:2.
③④ 百度百科. 大数据 [EB/OL]. https://baike.baidu.com/item.
⑤ 朱雷,杨欢,张世才. 互联网+模型构建:深度解读互联网+的 8 大核心技术 [M]. 北京:机械工业出版社,2017:32-34.

计算、分析和挖掘。于是,云计算产生了。云计算就是"将所有的可用资源整合到一起,建设一个拥有超级计算能力的平台,这里部署着几万、几十万,甚至几百万台的服务器、存储设备和网络设备,所有的资源以虚拟和细颗粒的规则呈现在使用者面前","用户发起计算、服务、存储请示时,不再询问本地数据中心,而是直接面向云数据中心","它的计算模式可自助、动态扩展,具有非常好的灵活性"。①

"网",既包括传统意义上的互联网,还包括移动互联网、物联网、车联网等。移动互联网是把移动通信和互联网二者结合在一起的产物。随着宽带无线接入技术和移动终端技术的快速发展,人们迫切希望能够随时随地乃至在移动过程中都能方便地从互联网获取信息和服务,移动互联网应运而生。与 PC(个人计算机)互联网已经日趋饱和形成鲜明对比的是,移动互联网呈现出高速发展的态势。物联网则是通过射频识别、红外感应器、全球定位系统、激光扫描器、气体感应器等信息传感设备,赋予物体"智能",按照制定的标准和协议将物体的信息传输到互联网,并由平台进行智能化的分析、定位、跟踪、执行和管理,从而实现人与物体的沟通和对话,或者物体与物体之间的沟通和对话。② 通过物联网,最终实现万物互联。

"端",则是指用户直接使用的电脑、智能手机、可穿戴设备、传感器,以及以软件形式存在的应用等智能终端。可穿戴设备的发展非常迅速,品种日益丰富,手表、腕带、眼镜、头盔、头带,以及智能服装、智能书包、智能拐杖等各种可穿戴设备不断推出,并快速更新换代。传感器的发展和应用,则为智慧家居、智慧工厂的发展提供了无限可能。以智能终端为接入界面,互联网的内容正逐渐从门户网站主导的网页形式,向丰富多彩的 App 应用程序转变。越来越多的互联网平台,如腾讯、阿里、百度等通过开发和提升即时消息、手机支付、导航地图等能力,搭建起了众多的 App 平台。

(四)"互联网+"的应用

随着互联网的发展和网络技术的完善,互联网得到了越来越广泛的运用。自 20 世纪 90 年代进入商用以来,互联网已经成为当今世界推动经济社会发

---

① 朱雷,杨欢,张世才. 互联网+模型构建:深度解读互联网+的 8 大核心技术 [M]. 北京:机械工业出版社,2017:58-59.

② 朱雷,杨欢,张世才. 互联网+模型构建:深度解读互联网+的 8 大核心技术 [M]. 北京:机械工业出版社,2017:48;阿里研究院. 互联网+:从 IT 到 DT [M]. 北京:机械工业出版社,2016:24.

展的最重要信息基础设施。互联网应用模式可划分为网络信息获取应用模式、电子商务应用模式、网络交流互动应用模式、网络娱乐应用模式和电子政务应用模式。网络信息获取应用模式又细分为网络新闻模式、搜索引擎模式、信息分类模式、信息聚合模式和知识分享模式；电子商务应用模式又细分为B2B电子商务模式、B2C电子商务模式、C2C电子商务模式和O2O电子商务模式；网络交流互动应用模式又细分为即时通信模式、个人空间模式、网络社交模式、网络论坛模式；网络娱乐应用模式又细分为网络游戏模式、网络文学模式、网络视频模式。①

"互联网+"仍然在向纵深发展，在经济、政治、文化、社会以及人们生活中的作用和影响将会越来越大。"'互联网+'将实现5个'新'，即：培育新业态，衍生出创新最活跃的产业领域；打造新产业，大力助推传统产业的转型升级；培育新服务，优化服务质量与提供方式；夯实新基础，打造'互联网+'的底层支撑平台；营造新环境，创新行业监管新模式。"② 随着"互联网+"在各个领域、各个方面的广泛运用，特别是"互联网+"与传统产业、传统行业的深度融合，应运而生了"互联网+零售""互联网+金融""互联网+众筹""互联网+保险""互联网+教育""互联网+医疗""互联网+政务""互联网+物流""互联网+通信""互联网+交通""互联网+社交""互联网+旅游""互联网+房地产""互联网+文化""互联网+工业""互联网+农业""互联网+公益"等。

二、"互联网+"养老服务的时代潮流

"互联网+"养老服务是互联网机构主动参与养老服务、养老服务业界主动运用互联网升级改造传统养老服务业而出现的新事物。"互联网+"养老服务由智能设备、线上服务平台和线下服务圈三大板块组成。"互联网+"养老服务模式是不断创新发展的。对不同的传统养老服务业的改造升级，形成了不同的"互联网+"养老服务模式。根据养老服务供需双方与养老服务信息平台建立连接、取长补短、深度融合的不同，又形成了"互联网+"养老服务的不同模式。

---

① 百度百科. 互联网 [EB/OL]. https://baike.baidu.com.
② 国家发展和改革委员会高技术产业司，中国信息通信研究院，中国电子信息产业发展研究院. 中国"互联网+"行动百佳实践 [M]. 北京：中共中央党校出版社，2016：40.

（一）国家"互联网+"行动总体部署

"互联网+"的影响不仅仅体现在经济方面，而且体现在社会、政治、文化以至军事等各个领域。因应我国经济发展进入新常态的总体特征，国家适时制定和实施了"互联网+"行动计划，为加快推动互联网与各领域深入融合和创新发展，充分发挥"互联网+"对稳增长、促改革、调结构、惠民生、防风险的重要作用做出了总体部署。

2015年3月5日，李克强总理在政府工作报告中首先提出了"制定'互联网+'行动计划"，强调要推动移动互联网、云计算、大数据、物联网等与现代制造业结合，促进电子商务、工业互联网和互联网金融健康发展，引导互联网企业拓展国际市场。这标志着"互联网+"正式成为国家重点支持的领域和方向，为制定和实施国家"互联网+"总体部署做出了战略安排。同年7月4日，国务院《关于积极推进'互联网+'行动的指导意见》（国发〔2015〕40号，以下简称40号文）正式发布，对推动"互联网+"做出了顶层设计和总体部署。

40号文对"互联网+"首次做出了全面的界定："'互联网+'是把互联网的创新成果与经济社会各领域深度融合，推动技术进步、效率提升和组织变革，提升实体经济创新力和生产力，形成更广泛的以互联网为基础设施和创新要素的经济社会发展新形态。"强调"互联网与各领域的融合发展具有广阔前景和无限潜力，已成为不可阻挡的时代潮流，正对各国经济社会发展产生着战略性和全局性的影响"，要积极发挥我国互联网已经形成的比较优势，加快推进"互联网+"发展，充分发挥"互联网+"对重塑创新体系、激发创新活力、培育新兴业态和创新公共服务模式，打造大众创业、万众创新和增加公共产品、公共服务"双引擎"，主动适应和引领经济发展新常态，形成经济发展新动能，实现中国经济提质增效升级等方面的作用。

40号文系统地提出了推动我国"互联网+"行动的总体思路、基本原则、发展目标、行动重点和保障支撑，构建起推动我国"互联网+"发展的总体政策框架。提出要"顺应世界'互联网+'发展趋势，充分发挥我国互联网的规模优势和应用优势，推动互联网由消费领域向生产领域拓展""大力拓展互联网与经济社会各领域融合的广度和深度"；提出要坚持开放共享、坚持融合创新、坚持变革转型、坚持引领跨越、坚持安全有序的基本原则；提出了"到2025年，网络化、智能化、服务化、协同化的'互联网+'产业生态体系基本完善,'互联网+'新经济形态初步形成,'互联网+'成为经济社会创新发展的重要驱动力量"的发展目标;提出了"互联网+"创业创新、"互联网+"协同制造、"互联网+"现代农业、"互联网+"智慧能源、"互联网+"普惠金融、"互联网+"益民服务、"互联网+"高效物流、"互联网+"电子商务、"互联网+"便捷交通、"互联网+"绿色生态和"互联网+"人工智能等11个重点领域的40项重点工作,并明确了各重点领域的任务分工;提出了夯实发展基础、强化创新驱动、营造宽松环境、拓展海外合作、加强智力建设、加强引导支持和做好组织实施等7个方面、25项具体的保障支撑措施。可以说,40号文是我国"互联网+"发展的第一个完整的顶层设计和总体部署,对推动"互联网+"在各方面各领域的应用发挥了重要的引导作用,是推动我国"互联网+"发展的行动纲领。

自40号文发布后,国家又陆续发布了一系列有关完善网络基础、市场环境、政务服务、金融和流通等政策文件,如国务院办公厅《关于印发三网融合推广方案的通知》、国务院《关于印发促进大数据发展行动纲要的通知》、国务院办公厅《关于加强互联网领域侵权假冒行为治理的意见》、国务院《关于印发推进普惠金融发展规划(2016—2020年)的通知》、国务院办公厅《关于深入实施"互联网+流通"行动计划的意见》、国务院《关于加快推进"互联网+政务服务"工作的指导意见》、国务院办公厅《关于转发国家发展改革委等部门推进"互联网+政务服务"开展信息惠民试点实施方案的通知》、国务院《关于深化制造业与互联网融合发展的指导意见》、国务院办公厅《关于全面放开养老服务市场提升养老服务质量的若干意见》、国务院办公厅《关于促进"互联网+医疗健康"发展的意见》、国务院《关于加快推进全国一体化在线政务服务平台建设的指导意见》、国务院办公厅《关于推进养老服务发展的意见》。国务院及国务院办公厅颁发的一系列文件,对我国"互联网+"行动做出了总体部署。各部委发布的推动"互联网+"在智慧能源、绿色生态、物流、人工智能、协同制造、医疗、养老等领域发展的相关文件,以及各个地方根据自身特点制定的贯彻落实"互联网+"行动计划的相关意见和行动方案,则推动了我国"互联网+"行动在各领域、各地方的落地实施。

(二)"互联网+"养老服务的基本内涵

"互联网+"养老服务是互联网机构主动参与养老服务、养老服务业界主动运用互联网升级改造传统养老服务业而出现的新事物。但是,如何准确地界定"互联网+"养老或"互联网+"养老服务，目前学术界尚未形成一个被广泛接受的定义。

于潇、孙悦认为，"互联网+养老"就是以老年人的养老服务需求为导向，充分利用互联网的交互性与反馈性，以市场化方式将养老服务产业与互联网结合起来，为老年人提供定制化、智能化的养老服务。[1] 韩振秋认为，所谓"互联网+养老"，就是养老服务主体借助信息网络技术及互联网、大数据和云计算等新技术，改造和升级传统养老产业和服务、管理，既满足产业发展、又满足老年人的养老服务需求。[2] 孔伟艳认为，"互联网+"养老服务是以养老服务供需大数据为基础，以互联网为媒介，以智能设备为支撑，以线下服务为依托，实现养老服务供需平衡、供需匹配、供需对接的服务。[3] 吴春认为，"互联网+"养老服务就是运用"互联网"思维，基于云计算、大数据等新兴信息技术，将互联网与传统养老服务业结合起来，跨界融合全行业、全社会服务资源，打造全市场化、跨界互联、没有围墙的、具有特色的养老服务新模式。[4] 上述几种观点，都试图对"互联网+"养老或养老服务直接做出某种定义。

张泉、邢占军则从企业、行业、地方政府和国家四个层次对"互联网+养老"做出不同的界定。在企业层次，就是利用互联网资源实现创新和发展的方式，可以具体表述为"互联网+养老产品"；在行业层次，就是利用互联网技术对传统行业的升级换代，更多被理解为"互联网+养老产业"；在地方政府层次，被理解为充分利用互联网技术，优化资源配置，提供更多有效的养老服务；在国家层次，更多关注的是国家和社会如果利用互联网平台构建经济社会发展新形态的问题，"互联网+养老"可以具体化为"互联网+养老行动"[5]。实际上，无论是哪个层次，"互联网+养老"都不能被简单地理解为

---

[1] 于潇，孙悦. "互联网+养老"：新时期养老服务模式创新发展研究 [J]. 人口学刊，2017 (1)：58-66.
[2] 韩振秋. 略论"互联网+养老"的重要性 [J]. 新疆社科论坛，2017 (2)：30-35.
[3] 孔伟艳. 推动"互联网+"养老服务的供需双侧改革 [J]. 宏观经济研究，2018 (8)：142-149.
[4] 吴春. 智能化养老："互联网+养老"模式创新 [J]. 中共济南市委党校学报，2016 (4)：54-57.
[5] 张泉，邢占军. "互联网+养老"概念辨析 [J]. 社会福利，2016 (1)：12-15.

"互联网"和"养老"两者之间的简单相加,两者之间的有机深度融合是关键。①

高丽认为,"互联网+养老"服务的核心就是凭借互联网技术,结合云计算以及大数据等处理方式,把互联网技术有效地融入传统养老服务中。② 李媛媛把"互联网+养老"的做法概括为运用信息化科技手段,以大数据为核心,收集整合社会的各种资源并使其互联互通,实现多职能服务部门的联动,使老年人能尽享现代科技带来的便利,彰显以人为本的养老理念。③ 郭丽娜、郝勇、吴瑞君把"互联网+"应用于养老服务的渠道概括为养老服务供给单位服务信息的网络化、通信呼叫式养老服务平台、购物式网络运营平台等几个方面。④

一些学者则对"互联网+"居家养老、"互联网+"社区养老等做出了界定。"互联网+居家养老"的实质就是运用互联网等技术为居家养老提供全方位、快捷、灵活、及时、低成本的居家养老服务。⑤ "互联网+居家养老"的核心理念是以老年人为中心,通过互联网信息技术的运用,探索更多有价值的养老服务产品和养老服务方式,更好地满足老年人的各种需求,促进居家养老服务持续健康发展。⑥ "互联网+居家养老"不是两个行业的简单相加,而是利用信息通信技术以及互联网平台,让互联网与居家养老产业进行深度融合。⑦ "互联网+社区养老"则是运用"互联网+"技术和发展理念,通过整合社会现有的多元参与主体和养老服务资源,依托智能化的养老信息服务平台和供老年人使用的终端智能设备,为社区老年人提供全方位、灵活、快捷、及时的居家养老服务。⑧ "互联网+社区养老"的核心理念是立足于服务老人,

---

① 耿永志,王惠颖."互联网+养老"服务模式发展研究:转型、融合与新业态 [J]. 天津行政学院学报, 2017, 19 (4): 36-41.
② 高丽. "互联网+养老"的独特价值 [J]. 人民论坛, 2018 (6月上): 86-87.
③ 李媛媛. 互联网时代党的组织建设面临的挑战与机遇 [J]. 甘肃理论学刊, 2016 (5): 56-59.
④ 郭丽娜,郝勇,吴瑞君. "互联网+养老服务":O2O 模式的养老服务供需平台构建 [J]. 电子政务, 2016 (10): 17-24.
⑤ 张新华. "智慧养老"应先找准定位 [N]. 中国社会报, 2015-02-02.
⑥ 睢党臣,彭庆超. 互联网+居家养老:智慧居家养老服务模式 [J]. 新疆师范大学学报:哲学社会科学版, 2016, 37 (5): 127-135.
⑦ 徐美玲. "互联网+居家养老":智能化居家养老服务模式探析 [J]. 北华大学学报:社会科学版, 2016, 17 (5): 115-118.
⑧ 王兆鑫,李小雨,晏玉洁. "互联网+"在创新社区养老方式中的探索研究 [J]. 西部经济管理论坛, 2018 (2): 33-39.

通过互联网技术的运用，探求更多养老对象所需的服务产品，尽量满足老人需求，促进社区养老事业发展。①

上述界定各有侧重，角度不完全一样，但有几点是共同的。

第一，"互联网+"养老或养老服务，并不是"互联网"和"养老"两者之间的简单相加，而是两者之间的深度融合，推动养老服务技术进步、效率提升和组织变革，提升养老服务机构服务能力、服务质量和水平，形成以互联网为基础设施和创新要素的养老服务发展新形态。

第二，"互联网+"养老作为养老服务发展的一种升级业态，既可以是通过对传统养老服务业的升级改造而形成的新的"互联网+"养老服务升级版，也可以是养老机构、社区、居家养老服务中心运用"互联网+"技术手段开展养老服务，还可以是互联网运营机构运用自己的网络信息平台开展养老服务。因而，互联网运用于养老服务社会化的具体路径是多种多样的。

第三，"互联网+"养老服务在居家养老、社区养老、机构养老中的运用是有差异的。在居家养老服务方面，一方面是开发和运用智能硬件，包括移动互联网、云计算、物联网、大数据等，重点推进老年人健康管理、紧急救援、精神慰藉、服务预约、物品代购等服务，开发更加多元、精准的私人定制服务；另一方面则是推进适合老年人的智能化产品、健康监测可穿戴设备、健康养老移动应用软件（App）等的设计和开发，以满足老年人日益多样化、多层次、个性化的居家养老服务需求。在社区养老服务方面，重点是搭建养老信息服务网络平台，提供护理看护、健康管理、康复照料等社区居家养老服务。在机构养老服务方面，主要是鼓励养老服务机构应用基于移动互联网的便携式体检、紧急呼叫监控等设备，提高养老机构服务水平。

第四，从国家层面看，推进"互联网+"养老服务，要"打通养老服务信息共享渠道，推进社区综合服务信息平台与户籍、医疗、社会保障等信息资源对接，促进养老服务公共信息资源向各类养老服务机构开放"②，"加快建设国家养老服务管理信息系统，推进与户籍、医疗、社会保险、社会救助等信息资源对接"③。

---

① 潘峰，宋峰. 互联网+社区养老：智能养老新思维[J]. 学习与实践，2015（9）：99-105.
② 国务院办公厅. 国务院办公厅关于全面放开养老服务市场提升养老服务质量的若干意见.
③ 国务院办公厅. 国务院办公厅关于推进养老服务发展的意见.

(三)"互联网+"养老服务的运行机制①

"互联网+"养老服务由智能设备、线上服务平台和线下服务圈三大板块组成,以智能设备为基础设施,以老年人服务需求信息为要素,以线下服务圈为支撑,共同构成一个闭合的供给与需求链。② 借助"互联网+"的强大整合能力和包容性,将三大板块有机地联结为一个"供给—匹配—需求"的闭合环路。其中智能设备在整个运行机制中起到基础作用,在"线下"收集老年人的信息并自动传输至"线上"软件平台。软件平台和数据处理中心作为整个运行环路的"桥梁"和线下养老资源的整合机制,在整个运行机制中处于核心地位,它借助大数据的资源挖掘老年人对养老服务的需求并整合线下服务圈进行匹配,实现对老年人需求的精准服务输出。线下养老"服务圈"作为服务的具体执行者,在整个系统中起着支撑服务的作用。

1. 智能设备

广义的智能设备指任何一种具有计算能力的设备。"互联网+"养老服务中的智能设备,主要是运用互联网、物联网、传感器等技术开发应用的智能化养老设备,包括可穿戴的"智能终端设备"和"智能家居"(智能养老院)等。

可穿戴的智能终端设备,主要包括智能手环、健康管理服务设备、智能防走失定位等多种终端设备。2016年国务院办公厅发布的《关于全面放开养老服务市场提升养老服务质量的若干意见》明确提出,要"支持适合老年人的智能化产品、健康监测可穿戴设备、健康养老移动应用软件等设计开发"。2019年国务院办公厅发布的《关于推进养老服务发展的意见》也要求,"促进人工智能、物联网、云计算、大数据等新一代信息技术和智能硬件等产品在养老服务领域深度应用"。当前用于监测老年人健康信息的可穿戴智能终端设备应用广泛,其中为老年人提供健康管理、远程监测的设备最普遍。以"一键式"智能手表为例,当老年人佩戴上这种智能手表时便成为一个"移动终端",无论老年人在家里或外出都可随时随地享受一键式求助、自动检测健康数值、实时跟踪轨迹等功能。佩戴"一键式"智能手表的居家老年人只需

---

① 本部分的主要内容由我的学生丁宥臣提供。参见丁宥臣."互联网+"居家养老服务研究[D]. 北京:中共中央党校(国家行政学院),2019.

② 于潇,孙悦."互联网+养老":新时期养老服务模式创新发展研究[J],人口学刊,2017(1):58-66.

在全程语音提示下,便可以在家里完成对脉搏、血压、血糖等基本健康指标的测量,监测后的结果将自动上传给相匹配的线上服务软件平台,通过数据中心对数据的处理分析对老年人进行健康干预管理,相关的"线上"医疗机构会根据老年人身体指标的变动,及时向老年人发布健康预警信息。

智能家居设备主要由智能家居管理系统和智能家居设备两部分组成。智能家居管理系统可以串联家庭家居设施,让居家老年人独自生活更加安全、便利,同时还能通过安装安全监控系统保证居家老年人的安全性。智能家居设备包括智能电器、陪护机器人、安全监控设备等。智能家居的一种新形态是"智慧养老院"。

2. 线上服务平台

线上养老服务信息平台和数据处理中心是"互联网+"养老服务运行系统的中枢部分,它起到对老年人提交的需求信息的处理分析、整合数字化资源的重要作用,同时也是连接智能设备和线下养老服务圈的重要桥梁。线上软件服务平台与医疗机构信息平台相联结,可以发挥"护联网"的功能;与社区养老服务信息平台相联结,则可以发挥"助联网"的功能。平台配合基于大数据、云计算、物联网的调度中心和数据处理中心,使其成为整个运行系统的"大脑"和"指挥棒"。

"医养结合"的实质是实现医疗机构提供的专门化医疗检查、医疗治疗与日常护理、生理功能康复、生命体征实时监测等服务相结合,实现"医疗资源"与"养老服务资源"的无缝衔接。医疗资源信息和老年人身体状况信息之间存在着"信息割据"现象。养老服务信息平台的引入对于打破双方"信息孤岛"局面有着重要的促进作用。养老服务信息平台通过与医疗机构推出的信息平台的远程数据对接,可以实现医疗资源和医疗信息之间的实时共享。首先,基于智能终端对老年人健康数据的测量,养老服务信息平台可以在常态下对居家老年人和养老机构入住老年人身体健康情况的跟踪监测,帮助合作医疗机构和老年人的家庭成员随时通过信息服务平台了解老年人的健康情况。与此同时,将每天测量的结果自动上传至数据处理中心,通过使用"云计算""大数据"进行统计分析,通过与老年人的基础数值进行比对,过滤出关于老年人身体信息的异常值。以此为基础,为老年人定制健康保健服务和实现健康状况的提前预警。其次,平台通过与医疗机构平台的合作,可以跨越地域的限制整合、共享优质的医疗资源,为居家老年人和养老机构入住老年人提供远程诊断、处方咨询、医学常识普及等医疗服务,达到对老年人身体健康状况的实时监控、长期跟踪、预测预警等健康管理。最后,通过两平台的线上无缝对接,实现"线上"和"线下"的有机衔接,让居家老年人足不出户、养老机构入住老年人不用离开养老院便能实现远程医疗服务,最终实现"小病不离院,大病不离穿"的便捷医疗服务。

养老服务信息平台与社区养老服务平台相联结,可以发挥"助联网"的功能。养老服务信息平台发挥平台的聚集效应,整合社区服务站、社区生活服务中心提供的零散分布的便民服务资源,形成全方位养老服务综合网络。居家老年人通过"点单"方式将需求上传,再由信息平台的调度中心进行需求匹配。老年人足不出户便能享受到送餐、家政、政务办理等便民养老服务。两大平台的结合不仅方便了居家老年人的养老生活,同时也实现了社会效益和经济效益的叠加。一方面两大平台的结合缩短了"社区"和"居家老年人"的距离,为社区开展养老服务提供了便利;另一方面也方便商家了解老年人消费习惯,挖掘老年人消费增长点,开发更多更受欢迎的老年人消费产品,实现经济效益的增值。

调度中心和数据处理中心是养老服务信息平台的"大脑"。调度中心在以大数据、"云计算"为技术核心的数据处理中心配合下,成为养老服务信息平台的"指挥棒",调度中心主要由"呼叫指挥中心"和"紧急救助中心"两部分构成。作为连接居家老年人和其他服务主体"桥梁"的呼叫指挥中心,通过收集居家老年人的需求信息,在此基础上对平台资源进行重组,由服务中心联系服务提供主体。当老年人遇到突发情况需要应急处理时,老年人可以通过穿戴的"一键式"智能设备终端向平台的紧急救助中心发出信号,紧急救助中心根据智能终端提供的老年人信息迅速调配医院、社区服务站等相关机构。

3. 线下养老服务圈

无论线上系统设计得多么精确和巧妙,离开了线下的服务行业和实体商业门店的支持也只能成为"空中楼阁",无法起到实际效果。总体来说,线下养老服务圈主要分为三类:养老服务类、商品类、娱乐休闲类。各种类型的实体商户和养老服务企业,共同为老年人提供丰富多彩的养老服务,满足老年人多样化、多层次、个性化的养老服务需求。

养老服务类主要为老年人提供各种养老服务,诸如家政服务、医疗保健、上门维修服务等,由各种具有服务资质的养老机构、家政公司、保姆中介机构、维修行、养老企业、社区医疗服务站等服务机构和企业组成。

商品类满足老年人的基本物质需求,为老年人提供衣食住行用的日常生活商品,主要由药店、餐饮店、超市等实体商店组成。

休闲娱乐类主要由为老年人提供娱乐休闲类服务的社区老年活动中心、棋牌室、体育馆等机构构成,旨在满足老年人老年生活的精神需求。

"互联网+"居家养老服务离不开线下养老服务圈的支撑。"互联网+"缩短了老年人与各种养老服务场所间的物理距离,减少了老年人与线下养老服务企业和机构之间的交易成本,提升了老年人购买各种养老服务"商品"的频次。通过"互联网+",将传统的养老服务企业和机构进行整合,能够实现聚集效应。

(四)"互联网+"养老服务的主要模式

根据对传统养老服务业的改造升级,"互联网+"养老服务形成了四种主要模式。

一是"互联网+"社区养老服务。运用互联网技术手段,整合社区内各种养老服务资源,为社区内老年人提供全天候的养老服务。许多城市进行的智慧养老社区或智慧健康养老示范社区建设试点就属于这一类型。

二是"互联网+"居家养老服务。运用互联网、物联网、云数据,以及智能化产品、健康监测可穿戴设备、健康养老移动应用软件等技术手段,把居家老年人的健康数据及地理位置等信息实时上传养老服务信息平台,与政府、医院及其他社会养老机构的数据融合,实现24小时远程全方位监控,老年人也可以通过养老服务信息平台进行日常购物、预约看病、家政上门等服务。厦门国太亚医互联网科技有限公司打造的上门康复云养老服务平台以及银川打造的"互联网+"养老生态链等就属于这种模式。[1]

三是"互联网+"机构养老服务。运用互联网技术手段,对传统的养老机构进行改造,实现机构养老的转型升级。目前,一些规模稍大的养老机构,都在开展智能化养老服务。

四是互联网养老院。互联网养老院也被称为智慧养老院、虚拟养老院、没有围墙的养老院。通过构建互联网养老服务信息平台,实现居家老年人的

---

[1] 彭婷."互联网+养老"商业模式探析[J].长沙民政职业技术学院学报,2018(3):6-9.

养老服务需求与社区、医疗、养老服务机构和企业、志愿服务组织等养老服务供给的无缝衔接，促进社区养老、居家养老、机构养老的深度融合发展。通过互联网，可以把千千万万个养老服务机构和企业、医院、社区、社会组织，以及政府提供的养老服务供给，同广大老年人多样化、多层次、个性化的养老服务需求有效地对接起来，为老年人提供个性化的养老服务。国务院办公厅发布的《关于推进养老服务发展的意见》就提出，要"在全国建设一批'智慧养老院'，推广物联网和远程智能安防监控技术，实现24小时安全自动值守，降低老年人意外风险，改善服务体验"。中国红十字会总会事业发展中心和互联网医疗行业的领军者微医集团，利用各自优势，强强联合，共同成立的曜阳互联网养老院，就属于这种类型。

"互联网+"与养老服务并不是简单地把两者拼凑在一起，而是两者的深度融合。有专家就指出，这个"+"包括三层含义：建立连接，取长补短，深度融合。首先，要建立连接，将互联网和传统养老服务业连接起来，建立可以合作的通道；其次，要取长补短，充分利用"互联网+"与养老服务业两个方面的优势，发挥各自的特长，探索合理的共同发展模式；最后，要深度融合，建立完善的共同发展模式，进而带动全行业发展。[①] "互联网+"养老服务是一个由养老服务需求方、养老服务供给方和连接供需双方的养老服务信息平台深度融合的系统。因而，根据养老服务供需双方与养老服务信息平台建立连接、取长补短、深度融合的不同，又形成了"互联网+"养老服务的不同模式。

一是"DMP模式"。"DMP模式"，意为需求者（Demander）发出服务需求信号，通过传输到中介平台（Mediator），平台收到信号后进行处理，连接到指定的供给者（Provider）的模式。在"DMP模式"下，老年人可以借助智能养老设备终端、养老服务热线等，把个人的养老服务需求传输到养老服务信息平台，养老服务信息平台在接收到老年人的需求"指令"后，经过确认和筛选，将老年人的需求发送到指定的养老服务供给方，如养老服务机构或企业、医院、社区养老服务站、志愿服务团队等，线下的养老服务供给方直接为老年人提供相应的养老服务。[②] 养老服务信息平台凭借其掌握的海量供给信息，能够快捷地分析和筛选出适合老年人需求的供给方，大大提升了

[①] 潘峰，宋峰. 互联网+社区养老：智能养老新思维[J]. 学习与实践，2015（9）：99-105.
[②] 丁宥臣. "互联网+"居家养老服务研究[D]. 北京：中共中央党校（国家行政学院），2019.

养老服务供需匹配的实时性和有效性。湖南省长沙市雨花区建成的社区为老服务信息平台，居家老年人只要通过一个电话发出服务需求，就能享受到紧急呼叫、生活照料和主动关怀等内容的居家养老服务。杭州市西湖区建立了涵盖全区老年人的基础信息库，"呼叫助老中心"实现了老年人健康评估、应急呼叫、政府补贴划拨、养老服务补贴申请与资格审核等管理服务的完全数字化改造。目前，"DMP"模式在许多城市得到迅速发展。

二是"D to P"模式。在"D to P"模式中，养老服务的需求者与养老服务的供给者之间不再借助养老服务信息平台，而是直接进行养老服务供需匹配。老年人将养老服务的需求信息，通过智能养老设备终端、养老服务热线等直接发送给养老服务供给方。养老服务供给方，包括养老服务机构和企业、医院、社区养老服务站、志愿服务团队等在确认需求后直接上门为老年人提供相应的养老服务。"D to P"模式能够大大提升养老服务供给的时效性，但是，因为省去了养老服务信息平台对供需信息的匹配，特别是对供给方的筛选，一方面对智能养老设备终端的功能有较高的要求，另一方面对老年人操作智能养老设备的能力有一定要求。当前市场推出的多种养老服务App，基本上都属于"D to P"模式。养老服务供给方主动了解老年人的养老服务需求，主动为老年人提供上门服务。国务院办公厅《关于推进养老服务发展的意见》就明确要求，要"建立健全定期巡访独居、空巢、留守老年人工作机制，积极防范和及时发现意外风险"。政府要完善老年人关爱服务体系，主要为老年人提供养老服务，其他养老服务供给机构也应该积极主动了解老年人的养老服务需求，主动为老年人提供相应的养老服务。

三是"O2O"模式（Online To Offline）。"O2O模式"最早是沃尔玛公司在2006年率先提出的商务模式，是指采用线上营销和线上购买从而带动线下经营和线下消费的商务形式。其核心在于：一是本地顾客；二是多种购物渠道的完美融合；三是服务性质。目前，国外的O2O早已超出了团购、本地电子商务的模式，倾向于特色或高端服务，已融入人们的日常生活之中。国内的O2O模式，主要运用于包括餐饮娱乐、旅游出行、汽车服务、酒店住宿、家政、教育和婚庆服务等生活服务类行业。"O2O"模式运用于养老服务，可以在一定程度上发挥互联网在养老服务资源配置中的优化和集成作用。"简单而言，将实践中的养老服务供需要素及其内在关系放置于网络之上；复杂而言，即是运用网络技术实现养老服务供需对接的线上与线下的实时互动。"① 目前我国养老服务产业 O2O 项目主要涉及地产养老 O2O、居家养老 O2O、社区养老 O2O 等。②

除上述几种"互联网+"养老服务模式外，有的学者还概括出了工具+社群+商业模式、跨界商业模式（养老跨界医疗、养老跨界金融、养老跨界旅游、养老跨界农业、养老跨界餐饮、养老跨界教育、养老跨界儿童托管、养老跨界房屋租赁等）、平台商业模式等"互联网+"养老服务模式。③

不论是我们国家还是其他国家，"互联网+"养老都还是一个新事物。在实施"互联网+养老"行动，促进人工智能、物联网、云计算、大数据等新一代信息技术和智能硬件等产品在养老服务领域深度应用，推动互联网与养老服务的深度融合和创新发展的过程中，"互联网+"养老服务模式也是不断创新发展的。

三、"互联网+"养老服务对传统养老服务的超越

"互联网+"养老服务是对传统养老服务的超越，它能有效地促进供需有效匹配，优化养老服务资源的配置和整合，有效节省人工成本，更好地满足老年人多层次、多样化和个性化需求，促进养老服务的智能化、专业化和标准化，提高养老服务的水平和质量。

（一）促进供需有效匹配

在养老服务发展中面临的一个突出问题，就是老年人有需求找不到供给，养老服务供给方有供给找不到有效需求，需求与供给相脱节。一方面，造成老年人的养老服务得不到有效满足；另一方面，养老服务提供方的养老服务资源大量闲置或浪费，经济和社会效益低下。互联网的发展和应用，为解决养老服务供需双方的信息不对称、供需相脱节问题，提供了前所未有的可能性和条件。通过互联网，可以把千千万万个养老服务机构和企业、医院、社区、社会组织，以及政府提供的养老服务供给，同广大老年人多样化、多层次、个性化的养老服务需求有效地对接起来。

"互联网+"养老服务充分利用互联网的开放性、资源共享性和信息传递

---

① 郭丽娜，郝勇，吴瑞君."互联网+养老服务"：O2O 模式的养老服务供需平台构建［J］.电子政务，2016（10）：17-24.

②③ 彭婷."互联网+养老"商业模式探析［J］.长沙民政职业技术学院学报，2018（3）：6-9.

的及时性等特征，发挥互联网的集成和优化作用，消除了养老服务需求和养老服务供给之间信息交流的障碍，缩短了信息交流的距离，实现信息的充分共享，有效地提高了养老服务供给的及时性和便捷性，从而避免养老服务中服务供给与服务需求信息不畅问题，解决了养老服务供需信息不对称、不匹配的问题。①

首先，运用互联网技术手段收集、筛选、分析老年人的养老服务需求信息，包括老年人的家政服务、医疗保健、康复护理、文化娱乐、生活照料等养、护、医需求。老年人的养老服务需求信息数量庞大而零散，互联网技术具有天然的收集、筛选海量信息优势。利用互联网、云计算、大数据等信息技术，养老服务提供方可以根据老年人使用及购买服务及其产品的习惯，准确地推算出未来老年人可能需要的养老服务及其产品，从而及时地调整养老服务发展的供给结构和发展方向。通过建立养老服务需求信息平台系统，形成个性化的"电子养老档案"，可以为养老服务提供者及管理者提供重要的养老服务需求信息来源。养老服务机构和企业、社区、养老服务公益机构及志愿服务团队，能够利用互联网养老服务需求信息大数据系统，为老年人提供精准的养老服务，以满足老年人的养老服务需求。

其次，运用互联网技术手段收集、整理养老服务供给方的供给信息，包括养老服务机构和企业、社区、养老服务公益机构及志愿服务团队的养老服务供给信息，建立养老服务供给信息平台，一方面可以为养老服务供给方和政府有关部门适时掌握养老服务发展的总体状况，以及养老服务供给的变化，另一方面，老年人及家属利用手机 App、语音识别终端、可视呼叫器等信息技术设备，可以实时查询所需要的养老服务及其产品的供给信息，便捷地寻找到养老服务的供给方，提供定制式服务和上门服务。

最后，通过建立养老服务供需信息沟通平台，真正实现养老服务供需信息的有效对接和相互匹配。一方面，老年人可以利用手机 App 或者其他智能终端发出服务需求，养老服务信息平台接收到需求信息后，经过筛选、匹配，可以向最适合的养老服务提供方发出服务提供指令，从而提高服务的精准化水平；另一方面，通过养老服务供需信息沟通平台，可以实现供需双方在平台上的信息交流和沟通，老年人可以进行"点单式"服务申请，真正实现一

---

① 徐美玲."互联网+居家养老"：智能化居家养老服务模式探析［J］.北华大学学报：社会科学版，2016，17（5）：115-118.

对一服务,提高养老服务的针对性。

(二) 优化养老服务资源的配置和整合

因为养老服务供给主体的多元性,养老服务资源分布在政府、社区、养老服务机构、企业、医院,以及各类志愿者组织,一方面当前养老服务资源总量不足,满足不了广大老年人的养老服务需求;另一方面养老服务资源结构失衡、配置不合理,资源共享与整合不足,资源不足与资源过剩现象并存,使本来就有限的养老服务资源不能得到充分的利用,资源利用效率低下。

"互联网+"养老服务的发展,"通过互联网在信息收集、信息存储、信息传播、信息共享以及大数据分析等方面的优势",通过建立养老信息服务平台,将"促进信息的流通、资源的共享与整合",① "实现了养老机构、社区、社会等养老资源的有效整合和优化"。② "互联网+"在优化养老服务资源有配置和整合方面的作用,主要体现在:

首先,发挥互联网的集成和优化作用,并借助云计算、大数据,可以准确地了解和掌握当地养老服务资源的总量、结构及其与需求之间的匹配关系,从而可以适时地发现养老服务资源的过剩与不足。当发现某些方面的养老服务资源已经过剩,就应该减少或暂停这些方面的投入和建设,避免重复投入、重复建设造成的资源浪费。当发现某些方面的养老服务资源严重不足时,则必须补短板、强弱项,加强相应的养老服务资源方面的投入。当发现养老服务资源的结构出现失衡时,就必须把调结构摆到重要位置,通过优化养老服务资源的结构,有效化解养老服务资源供给方面的突出问题。

其次,运用互联网技术手段整合包括政府、养老服务机构和企业、医院、社区、养老服务公益机构和志愿服务团体等各方面的养老服务资源,可以实现养老服务资源的整体联动,"实现信息的及时互通,可及时合理调配服务资源,帮助老人就近、就快解决困难"③,以应对和解决老年人的特殊养老服务需求。比如,当老年人突发疾病时,"互联网+"养老服务信息平台可以在第一时间把社区、养老服务机构、医院的资源整合起来,成为生命救援的重要组成部分。

再次,通过互联网技术手段,尤其是养老服务信息平台整合养老服务资

---

① 何朝晖. "互联网+"背景下居家养老服务发展研究 [J]. 经济数学, 2017 (2): 53-57.
② 屈贞. 智慧养老: 创新我国养老服务供给模式新选择 [J]. 社保论坛, 2016 (6): 21-22.
③ 付舒. "互联网+"城市社区居家养老服务体系建构研究 [J]. 现代交际, 2017 (24): 3-4.

源,可以为老年人提供更充分的选择。养老服务资源提供主体的多元性决定了养老服务资源的"碎片化"现象,造成了老年人寻求养老服务资源的盲目性。运用"互联网+",把一定区域范围内的各主体提供的各类养老服务资源进行整合,不论是按照服务项目、类别进行整合,还是按照服务地区、服务价格进行整合,既可以为老年人的生活照料、医疗护理和精神慰藉提供更多的选择,方便老年人根据自身经济条件和需求状况做出选择,也有利于实现服务资源利用效率的最大化。

最后,"互联网+"可以把分散的养老服务资源有效地整合起来,为老年人提供及时、便捷、可及地的上门服务提供了技术支撑,为发展居家养老服务提供了可靠的服务资源保障。发展居家养老服务,最重要的一个方面就是如何调动社会各方面的资源,共同为居家老年人提供必要的上门服务,从而避免"机构化"。以成立于2011年的江西省瑞金市居家养老服务中心为例,运用互联网技术手段,根据老年人的实际需求情况,分别与红杜鹃家政服务公司、圆圆信息中心、阳光中介、江西洪都律师事务所、江西华瑞律师事务所、刘记开锁公司、瑞金市交通运输集团公司、瑞金市嘉乐家电技术服务中心、黎明家电维修部、赣康大药房签订了养老服务协议。这些单位的参与,给瑞金市居家养老服务中心注入了新生的力量。通过养老服务社会资源的大整合,广泛吸纳社会力量参与居家养老服务。①

(三) 有效节省人工成本,助力破解"无人养老"困局

据国家人口发展战略研究课题组预测,65岁及以上老年人口占总人口的比重,2025年将达到13.59%;2030年将达到16.59%;2035年将超过20%,达到20.13%。② 另据联合国发布的中国人口预测,2030年我国60岁及以上和65岁及以上老年人口比重将分别达到23.3%和15.7%;到2035年,则分别上升到26.2%和19%③,届时将达到人口老龄化高峰。我国人口老龄化"三多"加"一多"的特点,说明我国老年人长寿不健康的问题比较突出,预期寿命比较长,但健康寿命相对比较短。"三多"老年人,大多数生活自理能力差,其日常生活需要别人照料。他们同"一多"老年人还有一个共同需

---

① 青连斌. 求解中国养老难题 [M]. 北京:中共中央党校出版社,2017:134.
② 国家人口发展战略研究课题组. 国家人口发展战略研究报告:上 [M]. 北京:中国人口出版社,2007:142.
③ 国家人口发展战略研究课题组. 国家人口发展战略研究报告:中 [M]. 北京:中国人口出版社,2007:2085.

求,就是对医疗服务的需求很旺盛。

应对如此快速的人口老龄化进程、规模庞大的老年人群体日益增长的对更加美好的养老服务需求,需要大量的养老护理人员队伍。但是,一方面,由于社会经济发展和计划生育政策的双重效果,我国在一个很短的时间里就实现了从"高出生率、低死亡率和高自然增长率"到"低出生率、低死亡率和低自然增长率"的人口结构转变,"我国15~59岁劳动年龄人口在2011年时达到峰值9.25亿人,2012年比2011年减少345万人,这是劳动年龄人口的首次下降。2012年开始逐年下降,2013年减少244万人,2014年减少371万人,2015年减少487万人。"[①] 从2012年到2016年,5年的时间累计减少约2 000万劳动年龄人口。因此,未来的劳动力供给状况已经决定了难以有充足的人力资源满足养老服务的需求。另一方面,养老护理人员收入低、年龄大、文化程度低、培训少、劳动强度大、留人难,是这一行业的普遍现象。

"互联网+"养老服务的发展,能够有效地节省人工成本,有助于破解"无人养老"困局。首先,互联网及其相关智能设备,特别是机器人在养老服务领域的运用,将代替部分人工不愿做、做不好,甚至做不了的养老服务,降低对人力资源的依赖,在一定程度上弥补了养老服务人力资源不足的缺陷,同时大大节省了老年人家庭成员的照料成本,提高了服务效率和质量,"为求解'无人养老'(主要指没有人愿意做护理人员)困局提供了思路和实现方式"[②]。其次,养老机构和社区依托互联网而建立的视频监控系统、应急呼叫系统,以及智能化、自动化设备的运用,有助于减少人力资源配置,节省人工成本。再次,社区、养老机构、养老服务相关企业、志愿者等依托互联网而建立的养老服务信息平台提供上门服务,可以大幅减少老年人家庭雇用家政服务人员照护老年人的现象,对整个社会来讲无疑是一种巨大的人力资源的节省。以中国红十字会总会事业发展中心在江苏省扬州市开展的"曜阳"保姆服务为例,它以老年公寓和托老所为依托,组织护理员和志愿者将"曜阳"养老服务延伸到老年人家庭,60名职业护理员即可以为民政部门筛选的300位困难的失能老年人提供保姆式的生活照料、医疗护理、精神慰藉等养老服务,切实改善居家养老老年人,尤其是失能老年人的生活境遇和生活品质。

---

① 郭晋晖. 我国劳动力5年减少2 000万 2050年或降到7亿左右 [N]. 第一财经日报, 2016-11-21.

② 屈贞. 智慧养老:创新我国养老服务供给模式新选择 [J]. 社保论坛, 2016 (6): 21-22.

而能够做到这一点，是离不开互联网技术的运用的。①

（四）更好满足老年人多层次、多样化和个性化需求

人的需求是多层次、多样化、个性化的，老年人也不例外。按照美国心理学家亚伯拉罕·马斯洛于1943年在《人类激励理论》中提出的人的需求理论，人的需求就像阶梯一样，从低到高，可以划分为五个层次，即生理需求、安全需求、社交需求、尊重需求和自我实现需求。人追求需求的满足，总是从最低层次开始的，五个层次的顺序尽管不是固定的，可能有种种例外，但大体上都是从低到高、逐级递进的，只有当低一层次的需求大体得到满足之后才会追求更高层次需求的满足。根据马斯洛以及其他一些行为心理学家的观点，一个国家或地区大多数人的需要层次结构，同这个国家或地区的经济发展水平、文化传统和人民受教育的程度是直接相关的。

"中国特色社会主义进入新时代，我国社会主要矛盾已经转化为人民日益增长的美好生活需要和不平衡不充分的发展之间的矛盾。我国稳定解决了十几亿人的温饱问题，总体上实现小康，不久将全面建成小康社会，人民美好生活需要日益广泛，不仅对物质文化生活提出了更高要求，而且在民主、法治、公平、正义、安全、环境等方面的要求日益增长。"② 同全国人民一样，老年人对美好老年生活的需求也在不断增长，老年人的养老服务需求不仅包括生活照料、医疗护理，还包括休闲娱乐、精神慰藉，不仅有吃穿住用、康复治疗、日常护理等基本生理需求，稳定的收入和生活的物质需求，而且有社会交往、情感交流等精神文化需求，受人尊重的需求，以及强烈的追求精神满足、发展兴趣爱好、更多参与社会公共事务做出贡献等自我实现的需求。可以说，老年人的需求有越来越多的层次化、多元化、个性化，而且，不同年龄段、不同身体状况、不同文化层次、不同职业背景的老年人的需求又各有侧重、各不相同。单一的居家养老、社区养老、机构养老，都不可能充分地满足老年人日益广泛、不断增长的养老服务需求。

互联网可以实现与万物互联，把"互联网+"运用于养老服务领域，在日常生活照料、医疗护理、购物求医、精神慰藉、文化娱乐等方面可以弥补单一的居家养老、社区养老、机构养老存在的不足，以更好地满足老年人多层

---

① 青连斌. 求解中国养老难题 [M]. 北京：中共中央党校出版社，2017：132-133.
② 习近平. 决胜全面建成小康社会，夺取新时代中国特色社会主义伟大胜利——在中国共产党第十九次全国代表大会上的讲话 [M]. 北京：人民出版社，2017：11.

次化、多元化、个性化的养老服务需求。

从居家养老来讲,单一的居家养老由于信息不对称、信息沟通不顺畅,往往导致供需不匹配,不能满足老年人的有效需求。"互联网+居家养老"的发展,运用居家养老服务信息平台、云计算、大数据等技术手段,可以更好地实现居家养老服务需求与服务供给的精准对接,实现居家养老服务需求与供给的精准匹配,而且能够突破时空限制,通过上门服务、快递等方式把养老服务资源送进千万老年人家中,使老年人足不出户就能享受各种优质的养老服务。这可以有效地破解目前居家养老服务主要限于生活照料、家政服务的单一局面,使居家老年人更加便捷、及时地满足康复护理、精神文化娱乐、社会交往等养老服务需求,从而改善居家老年人的养老服务品质。

从社区养老来讲,社区养老服务兼具社区日间照料和居家养老支持两大类功能。社区养老作为我国社会养老服务体系的重要依托,一方面它是居家养老服务的最重要提供者,是居家养老的重要支撑,居家养老服务的发展是离不开社区养老服务的充分发展的;另一方面,社区兴办的日间照料中心等养老服务机构,又弥补了机构养老的不足,发挥了机构养老不可替代的作用。传统的社区养老服务主要集中于满足老年人的生活照料(比如理发、送餐、洗衣、维修等)最基本的需求。把"互联网+"融入社区养老服务,搭建O2O等社区养老综合服务平台和信息平台,"充分利用互联网的交互性和反馈性,通过大数据信息处理和分析功能,更好地了解老年人需求。依靠互联网重视用户体验的特征,匹配提供服务和资源,为老年人提供更专业化、定制化、人性化的服务"①,从而"在诸如医疗护理、网上采购、精神慰藉、文化娱乐等方面可以弥补传统社区养老的不足"②。

从机构养老来讲,随着入住和医疗等条件的改善和配套设施的完善,大多数老年人的养老服务需求在养老机构可以基本得到满足。养老机构的养老服务虽然完善,但也存在短板。"互联网+"在养老机构的运用和发展,则可以在提高服务效率的同时,充分利用机构外资源,更好地满足入住老年人的养老服务需求。比如开发和配备老年人手环,实时监测老年人的位置和健康状况;通过网店,方便老年人购物,并把合适的商品精准推介给老年人,解

---

① 韩璐. "互联网+社区养老"面临的问题及对策 [J]. 河北金融, 2018 (5): 39-60.
② 刘振山, 赵祥瑞, 张志强. 基于"互联网+"的社区居家养老服务体系构建 [J]. 山东科技大学学报: 社会科学版, 2017 (6): 84-91.

决入住老年人购物难的问题；通过网站、视频等信息化手段，密切养老机构、入住老年人及其家属的联系，丰富和拓展入住老年人的"朋友圈"，拓展入住老年人的社会交往圈，使入住老年人的精神文化生活更加丰富多彩。

(五) 促进养老服务的智能化、专业化和标准化

"互联网+"运用于养老服务，将大大提升养老服务的智能化水平。互联网技术的快速发展和应用，推动了智能养老产品的开发创新。比如利用传感器等物联网技术，实现对老年人日常生活状态的全天候自动监控，老年人摔倒或突发疾病时传感器立刻报警，从而接受最及时的救治。建立防走失定位服务系统、紧急救援呼叫系统，可以为老年人提供即时安全管理服务。新型养老服务产品的开发和应用，有利于养老服务的智能化发展。

满足老年人更加美好的养老服务需求，必须推动养老服务向专业化、标准化方向发展。一方面，通过"互联网+"，把越来越专业化的养老服务机构、企业、组织的养老服务供给与老年人的养老服务需求更紧密地结合起来，为老年人提供更加专业化的养老服务。比如，利用传感器实时监测老年人身体健康状况，如果出现异常，相关数据便能即时传输到养老信息服务平台，通过这个平台可以为老年人提供远程跟踪、远程报警、远程诊断治疗等专业化的健康管理服务。另一方面，通过互联网信息平台，整合线下养老服务资源，打造全产业链养老服务生态系统，开通网络订餐、家政预约、健康咨询、物品代购、服务缴费等，开展精准定位上门服务，从而提供更加专业化和标准化的养老服务。

(六) 提高养老服务的水平和质量

养老服务水平低、质量不高，老年人不满意，这是目前我国养老服务发展面临的共同问题。养老机构的这一问题尤为突出。国务院办公厅《关于全面放开养老服务市场提升养老服务质量的若干意见》就曾明确指出："我国养老服务业快速发展，产业规模不断扩大，服务体系逐步完善，但仍面临供给结构不尽合理、市场潜力未充分释放、服务质量有待提高等问题。"《国务院办公厅关于推进养老服务发展的意见》也明确指出，"总的看，养老服务市场活力尚未充分激发，发展不平衡不充分、有效供给不足、服务质量不高等问题依然存在，人民群众养老服务需求尚未有效满足"，要大力推动养老服务质量持续改善。

"互联网+"运用于养老服务，对提高养老服务质量和水平可以产生多方

面的促进作用。首先，如前所述，通过互联网技术手段，尤其是养老服务信息平台整合养老服务资源，可以弥补单一的居家养老、社区养老、机构养老资源存在的不足，为老年人提供更多的选择，以更好地满足老年人多层次化、多元化、个性化的养老服务需求。其次，"互联网+"运用于养老服务，有助于建立和完善养老服务反馈和监督机制。互联网作为一个开放社会，借助于养老服务信息平台和其他技术手段，可以实现养老服务供给方、养老服务直接提供方、老人及家属的无缝对接，养老服务机构和企业可以及时了解老年人及家属对服务的评价和反馈，从而补短板、强弱项，改进服务，提高服务质量和水平，使老年人获得的服务更加低价、高效、优质。最后，"互联网+"运用于养老服务，有利于提高服务效率。一方面，通过建立养老服务信息平台，真正实现养老服务供需信息的有效对接和相互匹配，养老机构和企业、社区、社会服务组织可以准确地定向服务老年人，老年人也可以准确地定向寻找自己所需要的养老服务，从而大大减少了中间环节，及时满足老年人多层次、多元化和个性化的养老服务需求。另一方面，借助"互联网+"就可以有效地提高养老服务机构和企业的管理效率。借助于互联网等信息化手段，可以大幅度节省信息处理的时间，减少过多的管理环节，从而有效提高管理的效率。

四、本章小结

1. 要准确把握"互联网+"养老服务的基本内涵。"互联网+"养老或养老服务，并不是"互联网"和"养老"两者之间的简单相加，而是两者之间的深度融合，推动养老服务技术进步、效率提升和组织变革，提升养老服务机构服务能力、服务质量和水平，形成以互联网为基础设施和创新要素的养老服务发展新形态。"互联网+"养老服务是互联网机构主动参与养老服务、养老服务业界主动运用互联网技术手段升级改造传统养老服务业而出现的新事物。"互联网+"养老作为养老服务发展的一种升级业态，既可以是通过对传统养老服务业的升级改造而形成的新的"互联网+"养老服务升级版，也可以是养老机构、社区、居家养老服务中心运用"互联网+"技术手段开展养老服务，还可以是互联网运营机构运用自己的网络信息平台开展养老服务。因而，互联网运用于养老服务社会化的具体路径是多种多样的。

2. "互联网+"养老服务由智能设备、线上服务平台和线下服务圈三大板块组成，以智能设备为基础，以老年人服务需求信息为要素，以线下服务圈为支撑，共同构成一个闭合的供给与需求链。借助"互联网+"的强大整合能力和包容性，将三大板块有机地联结为一个"供给—匹配—需求"的闭合环路。其中智能设备在整个运行机制中起到基础作用，在"线下"收集老年人的信息并自动传输至"线上"软件平台。软件平台和数据处理中心作为整个运行环路的"桥梁"和线下养老资源的整合机制，在整个运行机制中处于核心地位，它借助大数据的资源挖掘老年人对养老服务的需求并整合线下服务圈进行匹配，实现对老年人需求的精准服务输出。线下养老"服务圈"作为服务的具体执行者，在整个系统中起着支撑服务的作用。

3. "互联网+"养老服务并不能取代传统的养老服务机构、居家养老服务中心和社区养老，主要是运用互联网技术手段对其整合、改造升级。根据对传统养老服务业的改造升级，"互联网+"养老服务形成了"互联网+"社区养老服务、"互联网+"居家养老服务、"互联网+"机构养老服务、互联网养老院四种主要模式。"互联网+"与养老服务并不是简单地把两者拼凑在一起，而是两者的深度融合。"互联网+"养老服务是一个由养老服务需求方、养老服务供给方和连接供需双方的养老服务信息平台深度融合的系统。因而，根据养老服务供需双方与养老服务信息平台建立连接、取长补短、深度融合的不同，又形成了"互联网+"养老服务的不同模式。最主要的有"DMP模式""D to P"模式和"O2O"模式（Online to Offline）等。

4. "互联网+"养老服务具有许多独特的优势。"互联网+"养老服务是对传统养老服务的超越，它能有效地促进供需有效匹配，优化养老服务资源的配置和整合，有效节省人工成本，更好满足老年人多层次、多样化和个性化需求，促进养老服务的智能化、专业化和标准化，提高养老服务的水平和质量。

第一，促进供需有效匹配。"互联网+"养老服务消除了养老服务需求和养老服务供给之间信息交流的障碍，缩短了信息交流的距离，有效地提高了养老服务供给的及时性和便捷性，从而避免养老服务中服务供给与服务需求信息不畅问题，解决了养老服务供需信息不对称、不匹配的问题。

第二，优化养老服务资源的配置和整合。"互联网+"养老服务的发展，通过建立养老信息服务平台，将促进信息的流通、资源的共享与整合，实现了养老机构、社区、社会等养老资源的有效整合和优化。

第三，有效节省人工成本，助力破解"无人养老"困局。互联网及其相关智能设备，特别是机器人在养老服务领域的运用，将代替部分人工不愿做、做不好，甚至做不了的养老服务，降低对人力资源的依赖。养老机构和社区依托互联网而建立的视频监控系统、应急呼叫系统，以及智能化、自动化设备的运用，有助于减少人力资源配置，节省人工成本。社区、养老机构、养老服务相关企业、志愿服务团体等依托互联网而建立的养老服务信息平台提供上门服务，可以大幅减少老年人家庭雇用家政服务人员照护老年人的现象，对整个社会来讲无疑是一种巨大的人力资源的节省。

第四，更好满足老年人多层次、多样化和个性化需求。互联网可以实现与万物互联，把"互联网+"运用于养老服务领域，在日常生活照料、医疗护理、购物求医、精神慰藉、文化娱乐等方面可以弥补单一的居家养老、社区养老、机构养老存在的不足，以更好地满足老年人多层次化、多元化、个性化的养老服务需求。

第五，促进养老服务的智能化、专业化和标准化。互联网技术的快速发展和应用，推动了智能养老产品的开发创新。新型养老服务产品的开发和应用，有利于养老服务的智能化发展。通过"互联网+"，把越来越专业化的养老服务机构、企业、组织的养老服务供给与老年人的养老服务需求更紧密地结合起来，为老年人提供更加专业化的养老服务。

第六，提高养老服务的水平和质量。"互联网+"运用于养老服务，对提高养老服务质量和水平可以产生多方面的促进作用。"互联网+"运用于养老服务，有助于建立和完善养老服务反馈和监督机制，有利于提高服务效率。

第三章

"互联网+"养老服务的需求
——基于老年居民的调查

新时代社会主要矛盾在养老服务领域的直接表现,就是老年人对美好养老的需要与养老服务发展不平衡不充分的矛盾。养老服务是特殊的服务,不能简单地以供给引导需求。不能是社会能提供哪些养老服务,老年人就接受哪些服务。目前一个比较普遍存在的问题,是老年人有需求的养老服务没有相应的供给,社会能够提供的养老服务供给却不一定有需求。因此,发展养老服务,首先要搞清楚老年人有哪些需要,不同老年人群体的需要又有什么差异,着力解决需求与供给的脱节问题。"互联网+"养老服务是互联网机构主动参与养老服务、养老服务业界主动运用互联网升级改造传统养老服务业而出现的新事物,促进"互联网+"养老服务的健康和可持续发展,重点是要适应老年人多层次、多方面的需求,培育和整合养老服务供给机构或加盟商,加快养老服务供给侧结构性改革。

一、现有研究述评

老年人的养老服务,包括对"互联网+"养老服务的需求是多方面、多层次的,既有共性的需求,又有个性化的需求,不同老年人群体的养老服务需求又各有差异。近年来,学术界、政府相关部门以及一些养老服务机构对老年人的养老服务需求,包括"互联网+"养老服务的需求做了大量的实证调研、理论研究和分析。

(一)养老服务方式需求

居家养老、社区养老、机构养老是我国养老服务三种主要方式。党的十八届五中全会明确提出,要"建设以居家为基础、社区为依托、机构为补充的多层次养老服务体系,推动医疗卫生和养老服务相结合,探索建立长期护理保险制度"。①

一些地方也提出了本地发展养老服务体系的总体框架和政策思路,比如北京的"9064"和上海的"9073"。北京的"9064"养老模式,是2015年北京市民政局、市规划委发布的《北京市养老服务设施专项规划》首次明确提出来的。所谓"9064",即"90%的老年人在社会化服务协助下通过家庭照顾养老,6%的老年人通过政府购买社区照顾服务养老,4%的老年人入住养老服务机构集中养老"。② 上海的"9073"是在2007年1月颁布的《上海民政事业发展十一五规划》提出来的,2016年9月颁布的《上海市老龄事业发展十三五规划》再次提出以居家为基础、社区为依托、机构为支撑的"9073"养老服务格局。与北京模式相比,上海模式加大了社区养老的比重。无论是北京的"9064"还是上海的"9073",都不是得到普遍认可的养老服务发展模式。老年人对养老服务方式的选择或需求,才是一个地区发展养老服务必须优先考虑的因素。

段婷婷根据北京市城六区60岁以上老人养老意愿问卷调查的分析发现,半数以上(54.7%)老人倾向于居家养老;选择社区养老的达到16%,选择"去养老院养老"的占3.36%。此外,还有9.76%的老人选择"异地养老",8.16%的老年人选择"候鸟式养老"。③

丛春霞、彭歆燕基于目前的养老服务方式主要为居家养老和机构养老,因而把由美国杜克大学和北京大学联合负责的"中国老年人健康影响因素跟踪调查"问卷中"您现在与谁居住在一起"的选项"养老院"视为机构养老,选项"家人""独居"视为居家养老。通过对2011年全国调查数据的统计分析发现,目前老年人对居家养老的实际选择是98.1%,选择意愿是97.7%,失衡率为0.4%;对机构养老的实际选择是1.9%,选择意愿为2.3%,失衡率为0.4%。"由此可知,老年人倾向于选择居家养老服务方式,对居家养老的需求很高,但是对机构养老的需求要高于老年人的目前选择

---

① 中共中央关于制定国民经济和社会发展第十三个五年规划的建议.
② 蔡若愚. 北京市定调"9064"养老目标[N]. 中国经济导报,2015-11-28.
③ 段婷婷. 北京市居民养老需求分析[J]. 科技经济导刊,2018,26(31):206-207.

现状。"①

湖南省财政科学研究所课题组采取自填式问卷调查方式，对居家养老的老年人（599 人）和机构养老的老年人（154 人）进行了调查，"在养老方式的选择上，近七成的老年人希望社区建立社区老年人日间照料中心/托老所"，同样有近七成的老年人不希望入住养老机构。"这充分说明，老年人基本上希望在社区养老"。②

2017 年 11 月，苏州市民政局通过苏州市人民政府网站，面向社会公众开展了苏州市养老服务需求问卷调查。调查结果显示，最愿意在家里接受照料护理服务的达到 40.09%，白天在社区、晚上回家的占 19.81%，在养老机构占 16.04%，视情况而定的 24.06%。③ 最愿意在家里接受照料护理服务，属于居家养老；白天在社区、晚上回家的，实际上就是选择社区日间照料，属于社区养老范畴。尽管有近四分之一的被调查者没有做出选择，但选择社区养老和机构养老的比重要远远高于其他地方。

姚芳运用国家统计局北京调查总队在全市范围内开展的居民养老现状与需求调查（城镇老年人 1 200 名，农村老年人 400 名）数据，对老年人的未来养老服务需求进行了分析，发现尽管"城乡居民家庭小型化形态基本形成，传统的家庭养老功能日趋弱化，但大多数老年人还是青睐于居家养老"，选择居家养老的城乡老年人接近 9 成（88.1%），而且选择居家养老的比例，农村老年人高于城镇老年人，高龄老年人高于低年龄段老年人。城乡老年人对机构养老的选择存在比较大的差别，农村老年人选择去敬老院等机构养老的比例只有 5.8%，远低于城镇老年人的选择比例，后者比农村老年人高出 4.6 个百分点。另外，16.6% 的城镇老年人选择社区托老所或居家并由社区提供相关服务的方式养老。④

（二）养老服务内容需求

老年人随着年龄的增大和身体状况的变化，需要社会提供多层次、多方

---

① 丛春霞，彭歆燕. 城市居民居家养老服务供需问题研究 [J]. 东北财大学报，2017（1）：49-56.
② 湖南省财政科学研究所课题组. 基于湖南养老服务需求的实证分析 [J]. 财政科学，2016（3）：98-104.
③ 苏州市民政局. 苏州市养老服务需求调查报告 [EB/OL]. http://www.suzhou.gov.cn/gzcy/myzj/mydc/mydcjg/201712/t20171205_937693.shtml.
④ 姚芳. 北京市养老现状与需求调查 [J]. 前线，2014（2）：88-90.

面的养老服务。老年人对养老服务内容的需求既有共性化需求，又具有个性化需求。国务院发布《关于加快发展养老服务业的若干意见》明确提出，要"拓展养老服务内容。各地要积极发展养老服务业，引导养老服务企业和机构优先满足老年人基本服务需求，鼓励和引导相关行业积极拓展适合老年人特点的文化娱乐、体育健身、休闲旅游、健康服务、精神慰藉、法律服务等服务，加强残障老年人专业化服务。"

发展养老服务，必须以老年人的需求为导向。近年来，学术界和相关部门对老年人的养老服务内容需求也进行了大量的研究和实证调研。胡晓琳等把养老服务需求划分为医疗服务、生活照料和精神慰藉三个主要方面，根据对重庆市 19 所高校的常住社区居民进行问卷调查，发现老年人的养老服务需求从高到低依次为家政服务、安全保障服务、生活照顾、应急医疗救助、一般医疗服务、文化娱乐服务、护工照料和精神慰藉。[①] 段婷婷通过对北京市城六区老年人养老意愿问卷调查的分析，发现老年人的养老服务需求具有比较明显的层次性，第一层次是对就近能提供老年餐饮和老年生活照料服务的需求，第二层次是对老年健康保健服务、老年活动服务的需求，第三层次是对老年用品租赁服务、老年心理辅导的需求。"根据调查数据对北京市养老需求特征分析的结果表明，年龄、收入、房产数量、身体状况等是影响老年人养老需求的重要因素。"[②]

阎志俊、袁嫚玉在城市中高收入人群养老服务需求调查中，把现代养老服务需求的基本内容划分为医疗护理服务需求、生活照料服务需求、休闲娱乐服务需求、精神慰藉服务需求。调查发现，老年人最关心和最需要医疗保健服务，包括医疗服务、康复服务、陪护服务、家庭病床服务，以及医疗保健知识讲座、免费保健、免费体检、免费养生讲座服务；最迫切需要的生活照料服务包括物业维修、生活服务上门、代购服务，70 岁及以上的老年人、失能和半失能老年人对这类服务需求尤其突出；在休闲娱乐服务方面，老年人希望通过网络获取信息、参加社区举办的多样化文化活动，希望社区能提供健身、广场舞、棋牌等休闲娱乐活动的场地和设施，更希望通过休闲娱乐服务满足其兴趣爱好；在精神慰藉服务方面，老年人迫切需要情绪排解、心

---

① 胡晓琳，胡永国，黄文杰等. 重庆市高校社区养老服务现状及老年人养老意愿影响因素研究 [J]. 保健医学研究与实践，2017, 14（1）: 14-20.
② 段婷婷. 北京市居民养老需求分析 [J]. 科技经济导刊，2018, 26（31）: 206-207.

理疏导等方面的服务。①

湖南省财政科学研究所课题组通过调查发现，老年人最希望社区提供的生活服务，依次是家政服务、便民服务、老年餐桌服务、托老所服务、陪同购物服务；老年人最希望社区提供的医疗康复服务，依次是上门看病服务、上门护理服务、健康讲座服务、康复服务、保姆服务、病床服务和陪同看病服务；老年人最希望社区提供的文化娱乐服务，依次是棋牌娱乐、听书读报活动、球类活动、旅游咨询服务、老年大学和老年交友活动。②

闫志俊运用调研数据，比较了中高收入人群的养老服务需求的差异。中收入人群的养老服务需求主要集中在生活照料方面，医疗护理精神需求则较少。高收入群体更需要精神方面和医疗护理方面的养老服务。不同收入人群在具体的养老服务项目方面的需求差异不大。"中、高收入人群在养老服务的精神需求项目方面的需求相对较高，体现出了养老服务需求的高层次。"③ 马贵侠、陈群根据对安徽省合肥市"六类"特殊老年人（高龄独居、高龄空巢、残障失能、低保特困、重病大病、孤寡失独）的需求调查，发现社区特殊老年人的养老服务需求呈现多元化，突出表现在其经济保障、医疗服务、生活照料和精神文化四个方面。④

丛春霞、彭歆燕通过对美国杜克大学和北京大学联合负责的"中国老年人健康影响因素跟踪调查"的数据分析，发现自理老年人与失能半失能老年人、轻度与中度失能老年人的养老服务需求存在比较大的差别。在日常生活照料方面，多数老年人主要需要的是生活照料、老年餐桌等，失能和半失能老年人的生活照料需求还包括饮食照料、排泄照料、清洁照料、睡眠照料、活动照料等。"轻度失能老年人对生活照料需求项目少且需求较低，大多可以自理。中度失能老年人对生活照料需求项目增多，自理能力下降。重度失能老年人所需项目较多，与轻中度失能老年人相比，需求增加的项目主要是清

---

① 闫志俊，袁嫚玉. 互联网+"背景下养老服务产业转型升级研究——基于城市中高收入人群养老服务需求的调查 [J]. 长沙民政职业技术学院学报，2016，23（4）：8-11.
② 湖南省财政科学研究所课题组. 基于湖南养老服务需求的实证分析 [J]. 财政科学，2016（3）：98-104.
③ 闫志俊. 中等与高等收入群体养老服务需求对比 [J]. 中国老年学杂志，2018，38（6）：2780-2782.
④ 马贵侠，陈群. 城市社区特殊老年人养老服务：需求、回应与前瞻 [J]. 理论月刊，2014（5）：170-175.

洁照料、摆放饮食体位、放置便器、使用轮椅助行等。"同自理老年人相比，失能半失能老年人的医疗服务需求更迫切，对精神慰藉的需求更大。①

郭延通、郝勇通过对上海市长宁区老龄事业发展中心开展的"长宁区老年人健康及养老服务需求"调查数据的分析，也发现了自理老年人与失能半失能老年人在养老服务需求方面存在明显的差别。在医疗照护需求方面，非失能老年人的需求是最低的，失能老年人的医疗照护需要随着失能程度的增加而增加，尤其是褥疮护理、帮助服药、排泄介护、疾病的康复护理需求。在生活照料需求方面，老年人的需求普遍比较大，特别是洗头理发、帮助洗浴、紧急呼叫等基本生活照料服务需求。轻度失能老年人对助行、代购物品、修理修配、紧急呼叫比其他类老年人需求更大。"在养老设施需求方面，失能老年人与非失能老年人的差别不大，总体来说，安装紧急呼叫装置需求较多，安装扶手需求一般，铺设防滑地面和无障碍坡道需求较少。"②

李思奇通过调研也发现，性别、收入、居住状况、自理程度、学历和职业等因素对老年人的养老服务需求有影响，因而不同的老年人群体的养老服务需求存在差别。影响老年人对生活照料需求的主要因素是收入和性别。影响老年人对生活照料需求的主要因素是居住状况和生活自理状况。影响老年人对医疗服务需求的一个重要因素是年龄。影响老年人心理康复需求的主要因素是学历和职业，学历越高，对心理康复的需求也就越多。③

(三)"互联网+"养老服务需求

随着互联网的发展和运用，特别是2015年国务院发布《关于积极推进"互联网+"行动的指导意见》后，"互联网+"养老服务研究迅速展开，很快成为我国社会养老服务研究领域的一个热点。许多学者开展了"互联网+"养老服务需求及其影响因素的相关研究。

智慧养老需求初见端倪。当"互联网+"成为一种国家战略后，智慧养老服务的需求也开始得到重视和响应。高龄、失智、失能及空巢老年人的安全防护和健康管理要求"互联网+智能设备"与服务人员的联动。SOS紧急呼

---

① 丛春霞，彭歆燕. 城市居民居家养老服务供需问题研究 [J]. 东北财大学报，2017 (1)：49-56.
② 郭延通，郝勇. 失能与非失能老人社区养老服务需求比较研究——以上海市为例 [J]. 社会保障研究，2016 (4)：25-33.
③ 李思奇. 城市社区居家养老服务的需求及其服务供给分析——以重庆市渝中区M社区为例 [J]. 劳动保障世界，2018 (36)：23.

救、健康预警以及定位和越界报警已经成为老年人及家属的迫切服务需求。在便捷、精准、个性化等消费诉求下，老年群体对居家养老服务的智能化要求也越来越高。这一需求直接推动了"虚拟养老院"的创新与发展。智慧化养老这一为老服务的新需求，可能直接决定未来养老方式的大趋势。①

陈明慧、丁福兴把中高收入老年人使用互联网的需求归纳为信息阅读、网络通信、虚拟交际和专门需求等方面，"互联网正成为老年人生活中的重要工具和主要载体"。通过互联网，老年人能够随时随地阅读相关资讯，掌握有关生活费用支出情况并实现远程交费，可以实现随时随地和家人、朋友、社交圈的联系，找到志同道合的新朋友、合适的倾诉对象，以及进行网络购物、网络旅游等。②

陈君运用"杭州市城市老年人网络养老需求调查"数据，对杭州市城市老年人网络养老服务需求进行了分析。他将网络养老需求归纳为生活照料需求、医疗康体需求、文娱精神需求、自我实现需求等4个大类。生活照料需求细分为洗衣做饭、打扫卫生、买菜购物、洗澡理发、陪同外出；医疗康体需求细分为医疗远程会诊、家庭病床（上门治疗）、紧急救护、康体锻炼；精神心理需求细分为聊天解闷、心理开导；自我实现需求细分为文体娱乐、学习培训。③ 在对四大类网络养老服务需求分析的基础上，提出了搭建"互联网+"网络养老服务新平台、构建网络养老服务新生态、组建丰富多元的网络养老服务新内容等路径建议。

徐杨通过对上海市老年人智能化养老服务需求调研数据的分析，发现年龄、婚姻状况、收入状况、居住情况和自我照料能力等因素，对老年人智能化日常照料的需求产生相对显著影响；年龄、受教育程度、收入状况、婚姻状况和居住情况等个体特征，对老年人智能化心理抚慰的需求产生较显著的影响。④

"互联网+"养老服务是互联网机构主动养老服务、养老服务业界主动运

---

① 陈明慧，丁福兴. 苏州市为老服务市场的有效需求分析 [J]. 黑河学刊，2019（1）：13-14.
② 间志俊，袁嫚玉. "互联网+"背景下的养老服务产业转型升级研究 [J]. 长沙民政职业技术学院学报，2016，23（4）：8-11.
③ 陈君. "互联网+"视域下杭州市城市网络养老服务需求研究 [J]. 区域经济，2018（5）：135-138.
④ 徐杨. 上海市老年人智能化养老服务需求的影响因素分析 [J]. 经济研究导刊，2018（25）：33-36.

用互联网技术手段升级改造传统养老服务业而出现的新事物。老年人要接受这种新事物,需要一个过程。孔伟艳的研究发现,目前老年人对"互联网+"养老服务有需求,但老年人参与度不高、购买力不强、消费不主动。出现这种现象的主要原因是社会信任缺失,老年人的收入有限,社会也没有形成应有的共识。据此,他提出要重建社会信任,扩大养老服务资助范围,促进社会共识的形成。①

(四) 对现有研究的简要评价

1. 不同的调研课题显示,老年人对养老服务方式的选择存在比较大的差异。总体上看,选择居家养老方式的老年人占比最大,选择社区养老方式的居第二位,选择机构养老方式的老年人占比最小,但同北京"9064"和上海"9073"的倡导性目标是存在差异的。这说明,一方面,发展养老服务,居家养老服务是重点,是解决最大多数老年人养老服务需求的主攻方向;另一方面,一个地区究竟在居家、社区、机构养老方面投入多大的人力、物力、财力,如何促进三者的协调、均衡发展,必须从当地老年人的实际需求出发。在发展"互联网+"养老服务方面,也必须顺应广大老年人居家养老的需要,把"互联网+"养老服务发展的重点,放在为老年人提供更多、更优质、更方便可及的居家养老服务方面。

2. 老年人的养老服务需求是多方面、多层次、多样化的。从现有的研究看,都关照到了生活照料服务、医疗护理服务、文体娱乐服务和精神慰藉服务服务等各个方面,这些方面无疑具有共性。老年人的养老服务需求具有差异性和个性化的特点,性别、婚姻状况、收入、居住状况、生活自理程度、以往从事的职业等因素对老年人的养老服务需求都有影响,不同群体的老年人的养老服务需求是不同的,特别是自理老年人与失能半失能老年人、失智老年人的养老服务需求存在更大的差别。发展养老服务,必须以老年人的需求为导向。因此,如何向老年人提供差异化、多样化、个性化的养老服务,是发展养老服务首先要解决的一个现实问题。随着中国特色社会主义进入新时代,我国社会主要矛盾已经发生转化,"人民日益增长的美好生活需要和不平衡不充分的发展之间的矛盾"已经成为新时代我国社会主要矛盾。在新时代,老年人的养老服务需求同全国人民的美好生活需要一样日益广泛,"不仅

---

① 孔伟艳. 推动"互联网+"养老服务的供需双侧改革 [J]. 宏观经济研究, 2018 (8): 142-149.

对物质文化生活提出了更高要求，而且在民主、法治、公平、正义、安全、环境等方面的要求日益增长"。① 要更好地满足老年人在经济、政治、文化、社会、生态等方面日益增长的需要，必须做更多的实证调研，推动养老服务业在新时代的新发展。

3. "互联网+"养老服务作为养老服务业的一种升级业态，既可以是通过传统养老服务业的升级改造而形成新的"互联网+"养老服务业，也可以是互联网运营机构运用自己的网络信息平台开展养老服务。因而，"互联网+"运用于养老服务的具体路径是多种多样的，老年人对"互联网+"养老服务的需求也是多种多样的。学术界敏锐地发现了"互联网+"给养老服务的发展带来的新机遇，对老年人的"互联网+"养老服务需求及其影响和制约因素进行了多方面的研究，也探讨了"互联网+"养老服务发展目前面临的困境，提出了相应的对策思路。但是，如何推动"互联网+"养老服务需求成为一种有效需求，成为一种可以有效得到满足的需求，仍然是一个没有破解的难题。

4. 从现有的研究尤其是实证调研来看，无论是对养老方式需求和养老服务内容需求的研究，还对"互联网+"养老服务需求的研究，其研究对象绝大多数聚焦于城镇老年人的需求，虽然有的研究涉及了城乡老年人群体，但总体上对农村老年人的养老服务需求研究不多。尽管2017年我国城镇化率已经达到58.52%，但是，户籍人口城镇化率仅为42.35%②，也就是说，多数人口实际上仍然是农村居民。我国人口老龄化具有空间分布（即城乡之间、地区之间）不平衡的特点。根据2000年人口普查数据，我国农村65岁及以上老年人口所占比重达到8.1%，远远高于城镇6.0%和城市6.7%的水平。③ 进入21世纪以来，农村非老年人口外迁速度加快、规模扩大，使农村老年人口所占比重超过城市的幅度也随之加大了。因此，对老年人养老服务需求的调研，必须更多地关注农村老年人。

---

① 习近平. 决胜全面建成小康社会，夺取新时代中国特色社会主义伟大胜利——在中国共产党第十九次全国代表大会上的报告 [M]. 北京：人民出版社，2017：11.
② 国家统计局. 2017年国民经济统计公报：户籍人口城镇化率42.35% [EB/OL]. http://finance.sina.com.cn/china/gncj/2018-02-28/doc-ifyrwsqk1082947.shtml.
③ 国家人口发展战略研究课题组. 国家人口发展战略研究报告：上 [M]. 北京：中国人口出版社，2007：142.

二、调研点和样本的基本情况

（一）调研点的选择

A市总面积2 430平方公里，下辖7个街道、17个镇，2017年年底户籍人口136.69万。

按设计，本书将要进行多套问卷调查和大量案例的搜集，显然既没有足够的经费也没有足够的人力和时间进行全国范围的抽样调查，只能选择一个县级行政区作为调研点。之所以选择该市作为调研点，主要是基于：

第一，尽管A市地处东部地区，但在全国具有一定的代表性。A市60岁及以上的老年人口21.44万人，占总人口的15.69%；其中80岁及以上的老年人口2.3万人，占老年人口总数的10.73%。在老年人口中，空巢老年人占23.47%，失能老年人占2.2%，半失能老年人占19.0%。全市农村人口78.76万人，占总人口的57.62%，其中60岁及以上的老年人口16.5万人，占农村人口总数的20.95%。无论是从人口老龄化程度来看，还是从老年人口的结构和城乡老龄化比来看，A市同全国平均水平的差别都不大。

第二，A市具备进行"互联网+"养老服务需求调查的基础。养老服务需求调查，在哪一个地方都可以做，但"互联网+"养老服务需求调查并不是在任何一个地方都能够做的。在一个绝大多数老年人对"互联网+"养老服务一无所知的地方，是很难开展这项研究的。A市自2017年积极探索"互联网+"养老服务模式，组建了"互联网+"养老服务专业化组织——金桥智慧中心，从老年人的需求和该市社区实际情况出发，按照社区相对集中的原则，打造"信息服务平台+大型综合服务中心+社区居家养老服务站"，部分老年人已经享受到了"互联网+"养老服务，老年人对"互联网+"养老服务并不陌生，或多或少有一些了解。这为开展"互联网+"养老服务需求调查提供了现实可能性。

第三，A市为开展"互联网+"养老服务需求调查提供了良好的条件。一方面，市委、市政府和相关职能部门很支持，很配合。作为一项科学研究课题，到地方开展调研，没有当地的支持和配合，是寸步难行的。做好一个地方的养老服务需求调研，对于准确施策当地养老服务发展是至关重要的。在同A市党委、政府以及相关职能部门负责同志的座谈中，他们也很希望通过我们的调研，为A市养老服务，特别是"互联网+"养老服务的发展提供意见和建议。我们认为，这恰恰也是我们开展这项课题研究应有的社会价值的体现。另一方面，2018年5月，A市民政和统计部门合作，对全市17个乡镇60岁及以上老年人进行过一次抽样调查。这次调查是严格按照随机抽样的原则抽取的样本，因而有一个现成的包含20多万老年人口的抽样框。一个总体规模达20多万个体的抽样调查、抽样框的设计难度是很大的，需要耗费大量的人力、时间和经费。这个抽样框不仅符合课题研究的要求和规范，而且事实上比我们另行花费大量人力、时间和经费去编制的抽样框要更加完整。

正是基于以上几个方面的考虑，2018年5月，我们把老年人"互联网+"养老服务需求的调研点，确定为A市。

（二）A市发展养老服务的主要做法

如前所述，A市早已进入老龄化社会，老年人口基数大，老龄化率高。农村老年人口基数大，占全市老年人口总数的比重达77%，农村老龄化率高达20.95%，远远高于城镇老龄化水平。空巢老年人占近1/4，失能半失能老年人占1/5以上。因而，A市面临的人口老龄化形势是比较严峻的，发展养老服务的任务是很艰巨的。

为推动A市养老服务业的发展，满足老年人日益增长的养老服务需要，近年来，A市采取了一系列举措。

一是抓顶层制度设计。先后出台了《关于加快推进养老服务业发展的实施意见》《关于印发A市"十三五"社区居家养老服务补短板实施方案的通知》《关于印发A市社区居家养老政府购买服务试点工作方案的通知》《关于加快养老服务业发展的实施方案》《关于成立A市养老事业发展领导小组的通知》《关于建立A市养老事业发展联席会议制度的通知》等一系列规范性文件。明确了鼓励、促进养老服务事业发展的各项具体政策和措施，初步形成了政府、市场、社会互动的社会化养老服务机制。A市将推进养老事业发展的工作实绩，作为各级党政领导班子绩效考核的重要内容，建立起了制度初步完善、措施比较扎实、经费到位的养老工作保障机制。

二是抓规划。A市围绕着力形成"低端有保障、中端有市场、高端有选择"的多层次养老服务格局，制定了养老服务发展的5年规划和《医疗卫生与养老服务设施专项规划》（2017—2030年），明确了阶段性任务。2017年全市实现70%以上的行政村建立农村幸福院，2018年实现日间照料中心覆盖全市7个街道，2020年全市社会养老床位达到每千名老年人36张以上。

三是城乡统筹，多轮驱动。在社区养老服务发展方面，截至2018年5月，全市7个街道中，已经建成社区日间照料中心的有3个，床位75张，社区日间照料中心由养老服务专业化社会组织营运管理；56个社区中，已经建成居家养老服务站的有38个，床位378张。2017年在11个社区推行政府购买养老服务试点，2018年政府购买养老服务试点的社区扩大到30个。在机构养老服务发展方面，截至2018年5月，A市已经建成民办养老机构10家，床位1 822张；在建的养老机构2家，床位1 100张；已经批准待建的养老机构2家，预计总投资达7.2亿元。①

A市农村老年人口占全市老年人口总数的比重高达77%，农村老龄化率远远高于城镇老龄化水平。近年来，A市把农村作为发展养老服务重点，大力抓农村养老服务体系建设。一是明确服务对象。把农村养老服务对象从"五保"和"三无"等重点人群，逐步扩大到有需求的所有老年人，同时把服务内容从单纯地解决"温饱"问题逐步扩大到"生活照料、康复医疗、精神慰藉、法律咨询、临终关怀"等方面。二是规范服务管理。以村为单位建立农村幸福院，对生活不能自理的老年人，在老年人自愿、子女支持的前提下，可以委托农村幸福院提供养老巡视服务；对身患疾病、缺乏自理能力的老年人，可与农村幸福院签署护理协议；对生活能够自理的老年人，农村幸福院和敬老院组织开展健康讲座、疾病预防、文化娱乐活动等。采取无偿、低偿、有偿相结合的方式，为不同对象、不同类别的老年人提供分类帮扶服务。三是引入专业团队，提升服务水平和质量。依靠村党组织、村民委员会、农村老年人协会等组织，发挥老年人自我管理、自我服务功能，探索农村互助养老新模式，率先在两个村幸福院引入专业化服务团队进行试点，在总结经验后逐步推广。四是加大资金投入。除市财政每年为农村幸福院提供1 000万元运营补贴之外，采取村财筹措一点、村民自付一点、村贤赞助一点等多种途径，形成长效的经费保障。全市438个行政村，已经建立农村幸福院的有324个，床位4 504张，农村幸福院行政村覆盖率达到73.98%。在已经建成的农村幸福院中，省级补助建设项目40个，自建项目284个，其中利用老年活动中心建设的206个，利用村委会办公场所建设的108个，利用闲置校

---

① 本部分关于A市养老服务的统计数据，来自2018年5月课题组调研时，A市人民政府提供的《关于我市养老工作情况的汇报》，以及A市民政局提供的《关于我市农村养老工作的情况汇报》等材料。

舍建设的 10 个。

尽管 A 市农村养老服务体系建设取得了不错的进展，但根据 A 市民政部门的调查，老年人对农村养老服务的满意率仅仅达到 47.73%。一方面，农村幸福院基础设施过于简陋、不配套，超过一半的老年人（50.32%）[①] 要求加强幸福院基础设施建设。另一方面，农村幸福院大多局限于为老年村民提供娱乐休闲等服务，就餐、日间照料、午托等服务功能并没有得到有效发挥，农村老年人的医疗康复、就餐服务、日间照料服务、洗衣服务的满足率，分别只有 50.97%、51.60%、43.13%、47.06%。[②] 因为老年人的养老服务需求得不到有效满足，导致农村老年人对幸福院的认同程度还比较低。这些问题，是 A 市和我国其他许多地方发展农村养老服务必须破解的难题。

四是加大政府对养老服务机构的财政资金支持。对非营利性民办养老机构，给予一次性开办补助和床位运营补贴，其中：自建用房且核定养老床位 50 张及以上的，每张床位一次性开办补助 1.2 万元；租赁用房（租用期限 5 年以上）且核定养老床位 50 张及以上的，每张一次性开办补助 0.6 万元；床位运营补贴为每年每床 0.22 万元。提供集中照料服务的经济型民办营利性养老机构和政府投资兴建并委托社会力量经营管理的养老机构，享受与民办养老机构同等的床位运营补助政策。对投入运营的农村幸福院，每年每家提供 1 万元的运营补助。政府大力引导养老服务机构为失能老年人提供优质养老服务，非营利性养老机构服务失能老年人的护理型床位，政府提供每年每床 0.24 万元的运营补贴；营利性养老机构的护理型床位达到 30% 以上的，以实际入住的失能老年人人数计算，同样享受每年每床 0.24 万元的护理型床位运营补贴；民办营利性养老机构和非营利性社区居家养老服务中心提供失能老年人照料服务的，以实际入住的失能老年人人数计算，给予每年每床 0.12 万元的护理补贴。此外，民办养老机构购买养老机构责任险的保费，市财政还按照每人每年 120 元的标准予以补助。

五是建立困难家庭老年人和失能老年人的养老服务补贴制度。A 市对持有本市户口，且所在社区已实现政府购买服务的常住对象，政府发放服务券（卡），依照政府购买养老服务的方案提供服务。服务对象细分为三类，政府购买养老服务的补贴标准也相应地分为三档，即无偿服务对象每人每月 400

[①②] 数据来自 2018 年 5 月 A 市民政局、统计局所做的该市农村老年人口抽样调查结果。

元，低偿服务对象每人每月 200 元，基础养老服务对象每人每月 50 元。从 2017 年起，对低保对象、计划生育特殊家庭中的完全失能老人，则按照每人每月不低于 200 元的标准，以老年人服务券（卡）的方式发放护理补贴。

六是加强规范管理，提升服务质量。一方面，加强养老护理人员培养。截至 2018 年 5 月，A 市养老机构从业人员有 249 人，其中护理人员 166 人，管理人员 83 人。通过培训，护理人员持证人数增加到 107 人，持证率达到 64.46%，其中初级护理人员 74 人，中级护理人员 31 人，高级护理人员 2 人。另一方面，开展养老机构服务质量大检查，从 2017 年起对未许可的养老机构开展许可、清理整顿工作，到 2018 年 6 月已经实现"三个一批"，即许可一批，整改一批，搬迁一批。

七是积极探索"互联网+"养老服务模式和"医养结合"机构养老模式。在"互联网+"养老服务方面，金桥智慧中心已于 2017 年落地，开展"信息服务平台+大型综合服务中心+社区居家养老服务站"试点，预计到 2020 年年底将对接省会城市建成 A 市智慧健康养老服务平台。在医养结合方面，大力推动养老和医疗服务融合发展，医疗机构将医疗服务延伸到养老机构、社区居家养老服务照料中心和农村幸福院等养老机构。规划到 2020 年，所有养老机构都能以不同形式为入住老年人提供医疗卫生服务。截至 2018 年 5 月，A 市有医养结合养老服务机构 349 家，其中养老机构内设医疗机构开展"医养结合"养老服务的 1 家，348 家养老机构与医疗机构签订合作协议，护理型床位达到 6 336 张，占养老床位总数的 90.22%。

（三）样本的抽取及其基本情况

2018 年 5 月，课题组利用 A 市农村老年人家庭抽样框，使用多段随机抽样的方法，抽取了 1 200 位 60 岁及以上的农村老年人，进行了农村老年人"互联网+"养老服务问卷调查。因此，本章分析的老年人"互联网+"养老服务需求，仅仅限于农村老年人。

问卷设计完成后，2018 年 6 月组建了以 A 市两所高等职业院校高年级学生为主体的入户调查员队伍。经过培训后，在课题组、市统计局专家的指导和监督下正式开展入户调查。入户调查在当月完成，共回收问卷 1 200 份，其中有效问卷 1 174 份，有效回收率为 97.8%。

1. 样本的个人基本情况

样本的个人基本情况，我们可以从性别、年龄、文化程度、婚姻状况、子女数及子女共同居住情况、生活自理能力、以前主要从事的工作等几个方面来分析。

在全部有效问卷中,女性577人,占49.1%;男性597人,占50.9%。性别比接近于1∶1。从年龄分组看,60~65岁307人,占26.1%;66~70岁367人,占31.3%;71~75岁225人,占19.2%;76~80岁159人,占13.5%;81~85岁80人,占6.8%;86~90岁29人,占2.5%;91岁及以上7人,占0.6%(参见表3.1)。被调查者年龄在70岁以下的占半数以上,80岁及以上的高龄老年人约占10%。如果参照世界卫生组织将老年人区分为初老期老年人(60~74岁)、中老期老年人(75~85岁)和老老期老年人(85岁以上)的标准①,初老期老年人、中老期老年人和老老期老年人大体分别占76.6%、20.3%和3.1%,初老期老年人占3/4,老老期老年人所占比重只有3个百分点。

从被调查者的文化程度看,小学及以下796人,占67.8%;初中332人,占28.3%;高中35人,占3.0%;大专及以上11人,占0.9%(参见表3.1)。近七成被调查者的文化程度只有小学及以下文化程度,总体上看被调查者的文化程度不高,这同该年龄段人口的受教育程度是相符的。虽然有近1%的被调查者达到了大专及以上文化程度,但从我们的追踪调查中发现,这一部分老年人主要是在城镇工作,退休后返回乡村养老的老年人。

从被调查者的婚姻状况看,未婚者3人,占0.3%;已婚有配偶者945人,占80.5%;离异者27人,占2.3%;丧偶者199人,占17.0%(参见表3.1)。总体来看,超过八成的被调查者已婚有配偶,能够相互照料和扶持,但是,离异和丧偶者也占到近两成,这部分老人是没有夫妻双方相互间的照料和扶持的。

表3.1 被调查者性别、年龄、文化程度与婚姻基本情况

个人特征		数量	占比(%)
性别	女	577	49.1
	男	597	50.9
年龄	60~65岁	307	26.1
	66~70岁	367	31.3

---

① 青连斌. 求解中国养老难题[M]. 北京:中共中央党校出版社,2017:40.

续表

个人特征		数量	占比（%）
年龄	71~75 岁	225	19.2
	76~80 岁	159	13.5
	81~85 岁	80	6.8
	86~90 岁	29	2.5
	91 岁及以上	7	0.6
文化程度	小学及以下	796	67.8
	初中	332	28.3
	高中	35	3.0
	大专及以上	11	0.9
婚姻状况	未婚	3	0.3
	已婚	945	80.5
	离异	27	2.3
	丧偶	199	17.0
	其他	0	0.0

从被调查者的子女数量看，没有子女的 6 人，仅占 0.5%；有 1 个子女的 50 人，占 4.3%；有 2 个子女的 273 人，占 23.3%；有 3 个子女的 399 人，占 34.0%；有 4 个及以上子女的 446 人，占 38.0%（参见表 3.2）。总体来看，七成多的老年人有 3 个及以上子女，无子女和只有一个子女的老年人只占很小比重，这也是同即将进入老年期的独生子女父母这一代老年人的明显区别。在我们的入户调查中发现，当地有 5 个甚至更多子女的老年人占有相当大的比例。子女数量对老年人的养老显然有重要影响，但影响更大的是子女是否与老年人共同居住在一起。这个道理无须赘述。在被调查的老年人中，至少有 1 个子女与老年人同住在一起的 936 人，占 79.7%，只有 20.3% 的老年人（包括 0.5% 没有子女的老年人）没有子女同住（参见表 3.2）。应该说，近八成的老年人有子女同住在一起，为这部分老年人的居家养老提供了一个良好的家庭环境。

表 3.2 被调查者子女数、同住及生活自理能力情况

问题		数量	占比（%）
您有几个孩子？	无	6	0.5
	1 个	50	4.3

续表

问题		数量	占比（%）
您有几个孩子？	2个	273	23.3
	3个	399	34.0
	4个及以上	446	38.0
您有子女同住吗？	无	238	20.3
	有	936	79.7
您的生活自理能力如何？	完全自理	996	84.8
	半自理（多病或瘸拐）	174	14.8
	失能（完全不能自理）	4	0.3

国际上通常从穿衣、上下床、室内走动、上厕所、洗澡、吃饭等方面来评判老年人的生活自理能力，这些能力都具备的为自理老年人，都不具备的是失能老年人，部分能力不具备的为半失能老年人。我国农村老年人总体文化水平不高，对反映老年人基本状况的一些术语不容易理解。因此，我们在问卷中把老年人的生活自理能力做了相对粗线条的划分，分为完全自理、半自理（比如多病或瘸拐）、失能（完全不能自理），这三类老年人分别为996人、174人和4人，分别占被调查对象的84.8%、14.8%和0.3%（参见表3.2）。被调查者中失能半失能老年人只占15%左右，并不意味着失能半失能老年人在全部老年人中所占比重只有这么高，如前所述，A市失能半失能老年人占全部老年人的比重达21.2%。我们的调查是以老年人家庭为抽样框，被抽中的双老年人家庭中，接受调查的往往是自理老年人，因而被调查对象中失能半失能老年人所占比重低于在总体中所占比重。

从被调查者的主要生活来源（多选）看，主要靠"子女补贴"的908人，占77.3%，所占比例是最高的；主要靠"以往的积蓄"的399人，占34.0%，居第二位；主要靠"政府补贴"的268人，占22.8%，居第三位；值得特别重视的是有146人主要靠"自己工作"，占12.4%（参见表3.3），还有这样大比重的老年人年老以后主要靠自己工作挣生活来源，这一方面可能是其他几种来源不足以维持老年生活所致；另一方面可能同农村老年人没有一个严格的退休年龄有关，年老以后仍然在从事各种的有酬劳动。

表 3.3　　　　　　　　被调查者的主要生活来源

问题		数量	占比（%）
您的生活来源是什么？（多选）	子女补贴	908	77.3
	自己工作	146	12.4
	政府补贴	268	22.8
	以往的积蓄	399	34.0
	其他	2	0.2

老年人的生活自理能力是影响养老意愿、养老服务需求、老年生活品质的最重要因素。进一步的分析发现（参见表3.4），分性别看，完全自理和失能半失能老年人所占比重，男性和女性差别不是很大；从年龄看，完全自理的老年人所占比重，随着年龄的增长而下降，失能半失能老年人所占比重则恰恰相反，特别是81~85岁年龄组从之前各年龄组的不到20%，骤升到近60%；从婚姻看，生活能够完全自理者所占比重最高的是已婚有配偶的老年人，失能半失能老年人所占比重最高的是丧偶老年人，其次是离异老年人；从是否有子女同住看，没有子女同住的老年人比有子女同住的老年人，失能半失能者所占比重差不多高出一倍。高龄、丧偶和离异、没有子女同住的老年人，他们中很多人处于失能半失能、失智状态，是养老服务需求最迫切的老年人群体，而且他们的养老服务需求是刚性的。

表 3.4　　被调查者性别、年龄、婚姻状况、子女同住情况
与生活自理能力交叉分析

变量			生活自理能力			合计
			完全自理	半失能	失能	
性别	女	数量	485	91	1	577
		占比（%）	84.1	15.8	0.2	100.0
	男	数量	511	83	3	597
		占比（%）	85.6	13.9	0.5	100.0
年龄	60~65岁	数量	292	15	0	307
		占比（%）	95.1	4.9	0.0	100.0
	66~70岁	数量	335	32	0	367
		占比（%）	91.3	8.7	0.0	100.0
	71~75岁	数量	191	32	2	225
		占比（%）	84.9	14.2	0.9	100.0

续表

变量			生活自理能力			合计
			完全自理	半失能	失能	
年龄	76~80岁	数量	129	29	1	159
		占比（%）	81.1	18.2	0.6	100.0
	81~85岁	数量	32	47	1	80
		占比（%）	40.0	58.8	1.3	100.0
	86~90岁	数量	13	16	0	29
		占比（%）	44.8	55.2	0.0	100.0
	90岁及以上	数量	4	3	0	7
		占比（%）	57.1	42.9	0.0	100.0
婚姻状况	未婚	数量	2	1	0	3
		占比（%）	66.7	33.3	0.0	100.0
	已婚	数量	847	96	2	945
		占比（%）	89.6	10.2	0.2	100.0
	离异	数量	22	4	1	27
		占比（%）	81.5	14.8	3.7	100.0
	丧偶	数量	125	73	1	199
		占比（%）	62.8	36.7	0.5	100.0
是否有子女同住	没有	数量	181	56	1	238
		占比（%）	76.1	23.5	0.4	100.0
	有	数量	815	118	3	936
		占比（%）	87.1	12.6	0.3	100.0

2. 样本的家庭基本情况

样本的家庭基本情况，我们主要从被调查者家庭年轻人是否外出打工、家庭每月总收入和总支出、家庭收入用于哪些方面等对养老有密切影响的几个因素进行分析。

从子女是否外出打工看，1 012位被调查者家庭有子女在外打工，占86.2%，只有162位被调查者家庭没有子女在外打工，占13.8%（参见表3.5）。可见，目前农村年轻劳动力外出打工的现象是相当普遍的，这也是造成当前我国农村"三留守"（留守老人、留守妇女、留守儿童）问题凸显的重要原因。通过对不同类型的家庭的比较，我们也进一步发现，子女外出打工的家庭所占的比例稍有差别，男性被调查者（89.1%）高于女性被调查者（83.2%）；低年龄组被调查者高于高年龄组被调查者，最高的是66~70岁年龄组（92.1%），最低的是86~90岁年龄组（58.6%）；有2个和3个子女的家庭组（分别为94.5%和92.7%）高于只有1个子女的家庭组（78.0%）；有子女同住的老人组（87.7%）高于没有子女同住的老人组（80.3%）；已婚有配偶的老人组（88.4%）高于离异和丧偶的老人组（分别为85.2%和77.4%）；生活能够自理的老人组（90.2%）远远高于失能半失能老人组（60.0%）。从这些数据可以看出，子女是否外出打工，同子女数、是否有子女与老年人同住、老年人的年龄、老年人的婚姻状况、老年人的生活自理能力等因素有密切的关系，那些年龄相对较轻、有多个子女且有子女与老年人同住、配偶双方健在、生活能够自理的老年人家庭，子女外出打工的比例高，反之则低。

表3.5　　　　　　　　　被调查者家庭子女是否外出打工情况

问题		数量	占比（%）
您家的年轻人是否外出打工了？	是	1 012	86.2
	否	162	13.8

家庭收入是老年人养老最重要的物质基础。但是，农村调查中普遍面临一个问题，就是家庭收入如何计算的问题。农村家庭收入与城镇家庭收入有一个很大的不同，城镇家庭收入基本上都是现金收入，农村家庭收入除打工、政府补贴、农产品出售取得的现金收入外，还有实物收入，主要是自产自用的农副产品，这一部分收入很难精确地折算。因此，这次调查的收入项，家庭总收入界定为居住在一起的家庭成员现金收入之和。家庭每月总收入在1 000元以下、1 000~3 000元、3 000~5 000元、5 000~8 000元、8 000元以上的，分别为178人、357人、198人、285人、99人，分别占被调查老年人总数的15.2%、30.4%、16.9%、24.3%、8.4%，另外有4.9%的老年人说不出家庭每月总收入（参见表3.6）。从这些数据至少可以看出两点：一是被调查者家庭的收入不高，62.5%的家庭每月总收入在5 000元以下，更有15.2%的家庭每月收入在1 000元以下；二是家庭收入组的分布没有什么规律，这可能同家庭的人口数有关。事实上，即使家庭总收入相同，但家庭人口数不同，人均收入会有很大的差异。

表 3.6 被调查者家庭收入与支出情况

问题		数量	占比（%）
您现在全家每月的总收入大约是多少？	1 000 元及以下	178	15.2
	1 000~3 000 元	357	30.4
	3 000~5 000 元	198	16.9
	5 000~8 000 元	285	24.3
	8 000 元以上	99	8.4
	不详	57	4.9
您全家目前每个月的支出大约是多少？	500 元及以下	120	10.2
	500~1 000 元	321	27.3
	1 000~1 500 元	159	13.5
	1 500~2 000 元	83	7.1
	2 000~2 500 元	178	15.2
	2 500~3 000 元	99	8.4
	3 000~3 500 元	50	4.3
	3 500~4 000 元	34	2.9
	4 000~4 500 元	38	3.2
	4 500 元及以上	30	2.6
	不详	62	5.3

家庭收入为家庭生活提供重要保障，但真正反映老年人家庭生活水平的还是家庭支出。为更精细地了解老年人家庭支出情况，我们把家庭每月总支出划分为 500 元以下、500~1 000 元、1 000~1 500 元、1 500~2 000 元、2 000~2 500 元、2 500~3 000 元、3 500~3 500 元、3 500~4 000 元、4 000~4 500 元、4 500 元以上共 10 个组别，被调查的老年人分别为 120 人、321 人、159 人、83 人、178 人、99 人、50 人、34 人、38 人和 30 人，分别占被调查老年人总数的 10.2%、27.3%、13.5%、7.1%、15.2%、8.4%、4.3%、2.9%、3.2%和 2.6%，另有 5.3%的老年人说不出家庭每月总支出（参见表 3.6）。从上述家庭每月总支出数据可以看出，一是老人家庭支出水平不高，近 60%的老年人家庭每月总支出在 2 000 元以下；二是同前述家庭收入组的分布没有什么规律一样，家庭支出组的分布也没有什么规律，另外，即使家庭总支出相同，但家庭人口数不同，人均支出水平也会存在相当大的差异；三是家庭总支出水平明显低于家庭总收入水平，老年人家庭的收入有相当大比重没有用

于生活消费。

那么,老年人的家庭收入究竟用于哪些方面呢?主要用于"缴纳医疗和养老保险""看病买药""购买生活用品""为今后养老储蓄""为子女留着""支援子女""存点钱以防意外""人情往来"和"其他"的,分别为580人、303人、645人、255人、227人、113人、332人、216人和2人,分别占被调查老人总数的49.4%、25.8%、54.9%、21.7%、19.3%、9.6%、28.3%、18.4%和0.2%(参见表3.7)。从上述调查结果看,尽管购买生活用品、缴纳医疗和养老保险是两项最主要的支出项目,但储蓄类(包括为今后养老储蓄和存点钱以防意外)占比很高,合计占50%;用于子女的(包括为子女留着和支援子女)占比也不低,合计达28.9%。这至少说明老年人的后顾之忧还相当强烈,担心养老钱不够,担心以后出现什么意外情况难以应对,因而有钱也不敢花。

表 3.7　　　　　被调查者家庭收入主要用于哪些方面

问题		数量	占比(%)
您家的收入主要用于哪些方面?(多选)	缴纳医疗和养老保险	580	49.4
	看病买药	303	25.8
	购买生活用品	645	54.9
	为今后养老储蓄	255	21.7
	为子女留着	227	19.3
	支援子女	113	9.6
	存点钱以防意外	332	28.3
	人情往来	216	18.4
	其他	2	0.2

三、老年人"互联网+"养老服务需求问卷调查的数据分析

对被调查者养老服务的需求,我们从一般性需求,包括对养老方式的选择意愿、最需要的养老服务等方面,对"互联网+"养老服务需求及其需求的满足等几个方面进行分析。

(一)养老服务的现状及其一般需求

对养老服务的现状和一般需求,我们的调查涉及老年人的生活照料者及其感受、养老服务方式需求、居家养老及其需求、机构养老及其需求、农村

幸福院养老及其需求等，通过这几个方面的分析，可以发现农村老年人养老服务需求的总体状况及其特点。

1. 养老服务的现状与总体感受

衡量和反映老年人养老服务现状的指标和问题可以有很多。老年人因为年老，大多体弱多病，日常生活都需要别人照料，因此，日常生活主要由谁照料就是一个能够从总体上反映老年人养老服务现状的问题。从调查结果来看，49.3%的被调查者靠"自理"，居第一位。居第二位的是"老伴相互照料"，占33.9%。主要由"子女"照料的占9.4%，主要由"保姆"照料的占1.5%，主要由"其他亲友"照料的占0.7%，另外有0.1%的被调查是"其他"，未回答的占5.1%（参见表3.8）。后两者合计占5.2%。日常生活主要靠自理的比例低于前述被调查者具有完全生活自理能力者所占比例（84.8%），这两个比例是吻合的，因为具有完全生活自理能力的老年人，除一部分老年人日常生活主要靠自理外，有很大一部分是老伴相互照料，还有一些老年人则主要是子女提供日常生活照料。自理、老伴相互照料、子女照料，以及其他亲友照料，我们可以概括为"家庭照料"。从调查结果看，当前我国农村老年人的养老，几乎都是"家庭照料"，除极少部分老年人能够接受保姆提供照料服务外，社会化的照料服务还处于空白状态。

表 3.8　　被调查者的日常生活照料和感受

问题		数量	占比（%）
您现在的日常生活主要由谁来照料？	自理	579	49.3
	老伴相互照料	398	33.9
	子女	110	9.4
	其他亲友	8	0.7
	保姆	18	1.5
	其他及未回答	61	5.2
您现阶段最大的感受是什么？	心灵孤独	310	26.4
	日常生活无人照料	163	13.9
	安全问题	391	33.3
	独自承担体力劳动	195	16.6
	生活贫困	43	3.7
	其他	72	6.2

从老年人的感受角度，也可以大体反映出他们的养老服务现状。在问卷中我们设计了"您现阶段最大的感受是什么"这一问题。回答现阶段最大感受是"心灵孤独""日常生活无人照料""安全问题""独自承担体力劳动""生活贫困"，以及"其他"的被调查者，分别占 26.4%、13.9%、33.3%、16.6%、3.7%和 6.2%（参见表 3.8）。回答"其他"的老年人中，有说明"很好"的，有说明"生活单调"的，因为多数老年人没有具体说明"其他"是什么，我们无法进行深入分析。出乎我们预料的有两个方面：一是"安全问题"高居老年人现阶段最大感受的第一位，占三成多；二是"独自承担体力劳动"，也占近17%。出现后一种情况的原因并不复杂，现在农村青壮年劳动力普遍进城务工，家里承包地的耕种主要由留守老年人承担。本来老年人年老了，该颐养天年了，但现在不得不独自承担着繁重的农活。这一问题的解决，将取决于国家的农业现代化和城镇化进程。"安全问题"主要包括人身安全和财产安全，也包括各种风险造成的安全问题。但这一问题如此突出，应该引起我们足够的重视，采取切实有效的措施，提高老年人的安全感。

2. 养老服务方式需求

从我国目前能够提供的养老服务方式看，主要是居家养老、社区养老、机构养老。建设多层次养老服务体系，必须以居家为基础、社区为依托、机构为补充。在我国广大农村地区，与城镇社区养老相类似的，主要是农村幸福院，这是一种为农村老年人提供的集娱乐、就餐、休息等为一体的场所，老年人白天"入托"，在这里娱乐、就餐、休息，晚上回到自己家里享受天伦之乐。愿意选择"居家养老""幸福院养老"和"机构养老"的被调查者，分别为 1 029 人、74 人和 7 人，分别占被调查者总数的 87.6%、6.3% 和 0.6%。另外有 5.5% 的被调查没有回答，或不确定，或选择"其他"（参见表3.9）。这一结果同学术界的其他调查结论基本一致，也同上海、北京等城市政府对养老服务发展格局的政策思路大体一致。

表 3.9　　　　　　　　　愿意选择的养老方式

养老方式	数量	占比（%）
居家养老	1 029	87.6
幸福院养老	74	6.3
机构养老	7	0.6
未回答	64	5.5

对表 3.10 的进一步分析我们可以发现,从性别看,愿意选择居家养老的老年人所占的比重,男性(93.3%)稍高于女性(92.1%),愿意选择幸福院养老的老年人所占比重则相反,女性(7.3%)稍高于男性(6.0%)。从有没有子女共同居住看,有子女共同居住的老年人愿意选择居家养老的比重(93.4%)高于没有子女共同居住的老年人(89.8%),而没有子女共同居住的老年人愿意选择幸福院养老和机构养老的比重(分别为 9.3% 和 1.0%)高于有子女共同居住的老年人(分别为 6.1% 和 0.6%)。

表 3.10　　　愿意选择的养老方式与性别等因素的交叉分析　　单位:%

影响因素		养老方式		
		居家养老	幸福院养老	机构养老
性别	女(N=545)	92.1	7.3	0.6
	男(N=565)	93.3	6.0	0.7
有没有子女同住	无(N=205)	89.8	9.3	1.0
	有(N=905)	93.4	6.1	0.6
生活自理能力	完全自理(N=936)	93.2	6.3	0.5
	半失能(N=171)	90.6	8.2	1.2
	失能(N=3)	66.7	33.3	0.0
日常生活由谁照料	自理(N=572)	90.2	8.7	1.0
	老伴相互照料(N=397)	96.2	3.5	0.3
	子女(N=110)	94.5	5.5	0.0
	其他亲友(N=8)	87.5	12.5	0.0
	保姆(N=18)	83.3	16.7	0.0
	其他(N=1)	100.0	0.0	0.0
年龄	70 岁以下(N=556)	95.3	4.5	0.2
	70~80 岁(N=404)	89.9	8.9	1.2
	80 岁及以上(N=150)	90.7	8.7	0.7

从生活自理能力看,具有完全生活自理能力的老年人愿意选择居家养老的比重最高(93.2%),半失能老年人次之(90.6%),失能老年人最低(66.7%),愿意选择幸福院养老的老年人所占比重相恰恰相反,其中高达 33.3% 的失能老年人愿意选择幸福院养老。从日常生活主要由谁照料看,愿意选择居家养老的老年人所占比重,老伴相互照料者最高(96.2%),由子女照料和自理的也超过了 90%,由保姆照料的比重最低(83.3%),由保姆照料

和其他亲友照料的老年人愿意选择幸福院养老的分别占 16.7% 和 12.5%，远远高于由老伴、子女照料和自理的老年人。从年龄看，70 岁以下的老年人更意愿选择居家养老（95.3%），70 岁以上的老年人更意愿选择幸福院养老，其中 70~80 岁、80 岁及以上老年人意愿选择幸福院养老的分别占 8.9% 和 8.7%，两者所占比例基本相同。

3. 居家养老服务需求

近 90% 的被调查者愿意选择居家养老。居家养老同传统的家庭养老主要由配偶和其他家庭成员提供经济供养与养老服务不同，更多依靠社会化的养老服务，由社区、社会组织、企业以及养老服务机构提供各种上门服务。那么，老年人对居家养老服务究竟有哪些方面的具体需求，老年人居家养老需要解决哪些方面的突出问题呢？

从被调查者最需要的养老服务来看，55.2% 的被调查者需要"定期身体检查"，43.2% 的被调查者需要"医疗保健"服务，分别位居所有服务需求的第一位和第二位，这也是以往调研中少见的。排第三到第五位的分别是"休闲娱乐""家政服务"和"有人陪同聊天"，分别占被调查者人数的 37.1%、28.8% 和 23.7%（参见表 3.11）。在以往调查中居于前列的日常生活照料需求，在这次调查结果中几乎没有摆到应有的位置。这可能同我国农村老年人面临的养老问题的特殊性有关，主要是多数具有生活自理能力的老年人对日常生活照料的需求不那么迫切，或者有老伴的相互照料和子女照料。医疗保健、休闲娱乐、家政服务和有人陪同聊天是老年人当前最迫切的居家养老服务需求。

表 3.11　　　　　　　　被调查者对居家养老服务的需求

问题		数量	占比（%）
您最需要的养老服务是什么？（多选）	休闲娱乐	436	37.1
	家政服务	338	28.8
	定期身体检查	648	55.2
	有人陪伴聊天	278	23.7
	医疗保健	507	43.2
	其他	10	0.9
您最喜欢参加的娱乐活动有哪些？（多选）	种花养草	488	41.6
	打麻将	233	19.8

续表

问题		数量	占比（%）
您最喜欢参加的娱乐活动有哪些？（多选）	老年活动室活动	447	38.1
	户外健身	420	35.8
	大伙一起晨练	365	31.1
	其他	3	0.3
您认为当前迫切需要解决哪些问题？（多选）	养老敬老孝老社会氛围不浓	393	33.5
	老年人活动室少、离家远	493	42.0
	适合老年人的活动少、生活单调	495	42.2
	老年人的做饭或送餐	205	17.5
	老年人洗澡不方便	134	11.4
	其他	2	0.2

实际上，从老年人平常最喜欢参加的活动，可以从一个侧面证实老年人自身也在努力满足自己的这些需求。35.8%的被调查者最喜欢"户外健身"活动，31.1%的被调查者最喜欢"大伙一起晨练"，这两项活动都直接同身体健康有关。38.1%的被调查者最喜欢参加"老年活动室的活动"，实际上很重要的原因就是孤独，参加老年活动室的各种活动可以起到相互精神慰藉的作用，缓解孤独感。19.8%的被调查者最喜欢"打麻将"，打麻将既是一种娱乐，对老年人来讲又是一种重要的人际交往活动，能起到娱乐和交往交流的双重作用。可喜的是，居第一位的最喜欢参加的活动是"种花养草"（41.6%），这同老年人生活品质的提升、个人兴趣的拓展，特别是环境保护意识的提高是密不可分的。

老年人居家养老服务的需求是多方面的，这些需求是否得到有效的满足呢？这次调查，我们没有直接提出这个问题，而是转换为"您认为当前迫切需要政府和社会解决哪些问题"，这样更为中性。从调查结果看，认为迫切需要解决"适合老年人的活动少、生活单调""老年人活动室少、离家远""养老敬老孝老社会氛围不浓""老年人的做饭或送餐""老年人洗澡不方便"问题的，分别占被调查者总数的42.2%、42.0%、33.5%、17.5%和11.4%（参见表3.11）。实际上主要是三类问题，即老年人活动、社会氛围和日常生活中的做饭送餐洗澡几大难题，这对我们开展居家养老服务具有很重要的启示意义，要更有针对性地解决老年人居家养老方面最迫切的需求。做饭送餐问题，已经引起了政府相关部门、社区、养老服务机构等的重视，但是，相对而言，老年人的洗澡问题同样重要和迫切，需要政府和社会有关方面高度重视、及时有效地予以解决。

4. 机构养老服务需求

总体上讲，老年人，尤其是农村老年人，除失能半失能老年人、高龄老年人、空巢老年人外，对机构养老的需求不是很大。这次调查，再次证实了这一点，只有不到1个百分点的老年人愿意选择机构养老。如果真要入住养老机构，被调查者优先考虑的因素，依次是"价格"（36.7%）、"服务质量"（29.9%）、"居住环境"（20.9%）和离家远近（8.1%），另外有一部分被调查者（4.5%）干脆直接回答"根本不考虑入住养老机构""不想住养老机构，只喜欢住家里"（参见表3.12）。

表3.12　　　　　被调查者对入住养老院优先考虑的因素

考虑的因素	数量	占比（%）
服务质量	351	29.9
价格	431	36.7
居住环境	245	20.9
离家远近	95	8.1
其他	52	4.5

离家远近这一因素尽管排在靠后的位置，在实际选择入住的养老机构时是一个很重要的因素，老年人虽然不得已入住养老机构，但也不愿意离开自己熟悉的社区环境和熟人圈子。离家太远的养老机构即使自然环境不错，养老服务的硬件也不错，老年人就是不愿意选择这样的养老机构。这里实际上涉及一个养老机构的布点问题。同老年人的访谈中了解到，他们对居住环境的理解，既包括养老机构的周边自然环境，也包括室内环境，其中最主要的室内设施设备和居住人数。农村老年人家庭的人均住房面积普遍比较大，对养老机构一个房间入住几个老年人很不习惯。因此，只要讲到养老机构几个老年人住一间房，许多老年人就会摇头。服务质量是居第二位的考虑因素，现在养老机构服务质量总体不高是入住老年人最不满意的一个方面，也成了影响和制约老年人入住养老机构的一大障碍。

无论城镇老年人，还是农村老年人，价格因素都是选择养老机构的最重要因素。农村老年人收入本来就不高，对价格因素更为敏感（参见表3.13）。从这次调查结果看，36.7%的老年人优先考虑的因素就是价格，居各因素之

表 3.13　　　　　　被调查者对不同收费档次养老机构的选择

收费标准	会入住		不会入住		没考虑过或不考虑	
	数量	占比（%）	数量	占比（%）	数量	占比（%）
2 000 元以下	181	15.4	410	34.9	583	47.7
2 000~2 500 元	2	0.2	448	38.2	724	61.7
2 500~3 000 元	1	0.1	432	36.8	741	63.1
3 000~3 500 元	5	0.4	433	36.9	736	62.7
3 500 元以上	6	0.5	432	36.8	736	62.7

首。从对不同收费档次养老机构的选择看，如果选择入住养老机构，只有 15.4% 的老年人会选择月收费在 2 000 元以下的养老机构，选择 2 000 元以上各收费档次养老机构的老年人都不到 1%。这也是发展面向农村老年人的养老机构必须考虑的一个问题。不论哪一收费档次的养老机构，都有超过 30% 的被调查者选择不入住，更有超过 60% 的被调查者根本就没有考虑过或不考虑入住月收费在 2 000 元以上各档次的养老机构。

5. 幸福院养老服务需求

如前所述，有 6.3% 的被调查者愿意选择农村幸福院养老，这一比例大大高于愿意选择养老机构养老。经过多年的努力，幸福院在农村许多地方已经建立起来，但幸福院的发展并不平衡。一方面，许多农村社区还没有建立幸福院；另一方面，建立了幸福院的地方，由于各种原因，当地老年人对这种养老方式并不了解，因而限制了幸福院这一农村养老方式的需求意愿和进一步发展。调查表明，只有 11.9% 的被调查者了解农村幸福院，59% 的被调查者"听说过，但不了解"农村幸福院，更有 29% 的被调查者"从没听说过，不了解"农村幸福院（参见表 3.14）。这至少说明，在农村幸福院发展中，相关的宣传工作没有跟上，没有把相关的信息及时传递给所在社区的老年人，供需双方的信息沟通出现了梗阻。

进一步的分析会发现两个重要的信息。一是老年人对在本村建立农村幸福院的支持率，当被问到"您是否支持在本村建立农村幸福院"时，高达 39.6% 的被调查者表示"支持"，尽管有 51.9% 的被调查者表示"无所谓"，但只有 8.5% 的被调查者表示"不支持"（参见表 3.14）。近 40% 的被调查者支持在本村建立农村幸福院，这是农村幸福院这一新兴养老方式进一步大发展的重要群众基础。二是愿意选择幸福院养老的被调查者只占 6% 多一点，但

表 3.14　被调查者对农村幸福院的了解和选择意愿

问题		数量	占比（%）
您是否了解农村幸福院？	了解	140	11.9
	听说过，但不了解	396	59.0
	从没听说过，不了解	341	29.0
您是否支持在本村建立农村幸福院？	支持	465	39.6
	不支持	100	8.5
	无所谓	509	51.9
您是否愿意接受农村幸福院这一养老方式？	愿意	211	18.0
	不愿意	278	23.7
	没有考虑	685	58.3

当问到是否愿意接受农村幸福院这一养老方式时，表示愿意的却占到18%，不愿意和没有考虑过的分别占23.7%和58.3%。这说明，只要农村幸福院办好了，做好相应的宣传和推介工作，老人们对幸福院有更多、更充分的了解，幸福院养老是能够得到老年人的认可和接受的，也会有更大比例的老年人选择幸福院养老。

（二）"互联网+"养老服务需求

"互联网+"养老服务需求及其影响因素是本次调查的重点，也是本书关注的重点。与城镇"互联网+"快速发展不同，农村"互联网+"发展要明显滞后得多，老年人群体对互联网的认知、普及率和使用知识与技能等等本来就不如年轻人，因而，要深入和全面地调查了解老年人的"互联网+"养老服务需求存在现实的困难和障碍，只能调查一些老年人能够理解的问题和事项，对老年人难以理解、不了解的问题只能割舍。

年轻人碰到什么问题，通常首先想到的就是上网查。那么，如果碰到养老方面的问题，老年人会不会到网上查找有关信息呢？调查结果显示，53.1%的被调查者表示"不会"，32%的被调查者表示"从来没有想过这个问题"，7%的被调查者没有回答这个问题，只有7.9%的被调查者表示"会"（参见表3.15）。

那么，如果老年人碰到养老方面的难题，会通过什么途径、找谁寻求帮助呢？"打电话、发短信或微信给子女、其他亲友或邻居"的占68.1%，"打电话、发短信或微信给村干部或社区干部"的占35.9%，"靠自己解决"的占24.9%，"不打电话、发短信或微信，而是直接找人帮助"的占16.0%，

表 3.15　被调查者寻求"互联网+"养老服务帮助的情况

问题		数量	占比（%）
如果您碰到养老方面的问题，会不会到网上查找有关信息？	会	93	7.9
	不会	623	53.1
	从来没有想过这个问题	376	32.0
	未回答	82	7.0
如果您碰到养老方面的难题，会通过什么途径寻求帮助？（多选）	到网上寻找提供服务的专业养老服务机构	52	4.4
	打电话、发短信或微信给子女、其他亲友或邻居	799	68.1
	打电话、发短信或微信给村干部或社区干部	421	35.9
	不打电话、发短信或微信，而是直接找人帮助	188	16.0
	靠自己解决	292	24.9
	其他（靠子女、叫子女）	6	0.5

"到网上寻找提供服务的专业养老服务机构"的占 4.4%，其他途径（直接叫子女）的占 0.5%。电话、短信、微信是当今相当普及的通信手段，老年人使用起来比较方便，也得到了广泛的使用。子女、其他亲友或邻居、村干部或社区干部，是老年人碰到养老方面难题时寻求帮助的主要对象，完全靠自己解决的也不少，真正寻求专业的养老服务机构帮助的极少。

只有不到 8% 的被调查者会到网上查找相关养老服务方面的信息，这一比例是不高的。那么，哪些老年人群上网查找相关养老服务信息的比例会更高一些呢？男性老人（11.2%）明显高于女性老年人（5.8%）；70 岁以下的老年人群（15.0%）明显高于 70 岁以上老年人群；文化程度越高的老年人群上网查找相关养老服务信息的比重越高，高中及以上文化程度的老年人群超过 50%，而小学及以下文化程度的老年人群只有不到 3%；有子女共同居住的老年人群（9.8%）高于没有子女共同居住的老年人群（2.5%）；生活能够自理的老年人群（9.4%）高于半失能和失能老年人群；愿意选择居家养老方式的老年人群（8.2%）高于愿意选择幸福院养老方式的老年人群（5.6%），愿意选择机构养老的老年人样本太多，会上网查找相关信息的被调查者比例虽然很高，但不能简单地进行比较（参见表 3.16）。这说明，性别、年龄、文化程度、子女共同居住、生活自理能力等因素，对老年人是否会上网查找相关养老服务信息是有影响的。

表3.16 如果碰到养老方面的问题会不会到网上查找
有关信息与相关因素的交叉分析　　　　　　单位：%

相关因素		会	不会	从来没有想过这个问题
性别	女（N=538）	5.8	58.0	36.2
	男（N=554）	11.2	56.1	32.7
年龄	60~70岁（N=545）	15.0	58.5	26.4
	70~80岁（N=399）	2.8	59.4	37.8
	80岁以上（N=148）	0.0	45.3	54.7
文化程度	小学及以下（N=733）	2.7	55.9	41.3
	初中（N=313）	13.4	65.8	20.8
	高中（N=35）	57.1	20.0	22.9
	大专及以上（N=11）	100.0	0.0	0.0
子女同住	没有（N=197）	2.5	47.2	50.3
	有（N=895）	9.8	59.2	30.9
自理能力	完全自理（N=919）	9.4	59.5	31.1
	半失能（N=170）	4.1	44.1	51.8
	失能（N=3）	0.0	33.3	66.7
愿意选择的养老方式	居家养老（N=988）	8.2	58.4	33.4
	幸福院养老（N=71）	5.6	33.8	60.6
	机构养老（N=7）	57.1	42.9	0.0

如果通过互联网寻求所在社区和养老服务机构提供上门服务，被调查者最希望提供的服务，排第一位的是"代购日常生活用品"，占50.0%，只有选择这一项的比例达到了一半（参见表3.17）。"医生上门看病"（42.1%）和"维修电器、家具等"（41.2%）也超过了四成。可见，代购日常生活用品、医生上门看病和维修家具电器这三个方面的需求是最大的。如果再加上"陪同上医院"（26.1%）、"代购药品"（19.6%），医疗方面的需求占有很大的比重。除3.9%的被调查者需要"其他"方面的上门服务外，二成左右的被调查者还需要寻求"帮忙做饭"服务（18.7%）、"打扫卫生"服务（17.6%）、"找保姆"服务（15.2%）、"洗衣服被褥"服务（12.9%）、"陪同聊天"服务（12.8%）。另外，7.1%的被调查者希望寻求"帮忙洗澡"服务。可以说，

老年人对社区和养老服务机构的服务需求是多方面、多样化的。老年人的这些需求是合理的，应该得到满足。社区、养老服务机构开展相关养老服务项目，必须更有针对性，既要考虑到满足老年人"大众化"的养老服务需求，也要充分考虑到老年人"小众化"的需求，充分做到有需求有供给，供需相匹配，以满足老年人对更加美好生活的需要和向往。

表 3.17　被调查者对"互联网+"养老服务内容的需求

问题	服务内容	数量	占比（%）
您如果通过互联网寻求所在社区和养老服务机构提供上门服务，最希望提供哪些服务？（多选）	代购日常生活用品	587	50.0
	医生上门看病	494	42.1
	维修电器、家具等	484	41.2
	陪同上医院	306	26.1
	代购药品	230	19.6
	帮忙做饭	219	18.7
	打扫卫生	207	17.6
	找保姆	178	15.2
	洗衣服被褥	152	12.9
	陪同聊天	150	12.8
	帮忙洗澡	83	7.1
	其他	45	3.9

（三）"互联网+"养老服务需求的满足及其影响因素

"互联网+"养老服务尽管还没有得到普及，但毕竟有一些敢为人先的老年人在碰到养老方面的问题时会到网上查找有关信息，碰到养老方面的难题时也会到网上寻找专业的养老服务机构提供服务。

在回答"在过去一年中，您是否通过互联网、手机 App、紧急呼叫系统等途径寻求过养老服务方面的帮助"时，5.7%的被调查者表示"有过"，89.4%的被调查者表示"没有"（参见表 3.18）。当然，过去一年没有通过互联网、手机 App、紧急呼叫系统等途径寻求过养老服务方面的帮助的被调查者，并不意味着一年以前也没有过。随着互联网的普及和在养老服务领域应用的拓展，会有更多的老年人通过互联网寻求养老服务方面的帮助，互联网也会更方便可及地为老年人的养老提供多方面的服务。

在回答"您如果曾经利用互联网、手机 App、紧急呼叫系统等途径寻求过帮助，主要是哪些方面的养老服务"这一问题时，43.8%的被调查者是"代购日常生活用品"，居第一位；42.3%的被调查者是"请人维修电器、家具等"，居第二位；34.2%的被调查者是"请医生上门看病"，居第三位。按照比例的高低，寻求过的其他服务依次是："找人陪同上医院"（27.8%）、"找保姆"（17.8%）、"代购药品"（17.5%）、"请人打扫卫生"（12.2%）、"请人洗衣服被褥"（10.5%）、"请人陪同聊天"（9.6%）、"请人帮忙做饭"（8.3%）、"请人帮忙洗澡"（2.0%），另有0.3%的被调查者回答"不会上网""没有手机""直接找邻居亲朋帮忙"等（参见表3.18）。对表3.17和表3.18进行简单比较就会发现，老年人最希望通过互联网寻求的上门养老服务项目，与他们曾经利用互联网、手机App、紧急呼叫系统等途径寻求过的养老服务，两者是一致的。其中，代购日常生活用品、请医生上门看病和请人维修家具电器是三项需求最大的上门养老服务，也是老年人通过互联网实际寻求过的最主要上门服务项目。

表3.18　　　　被调查者"互联网+"养老服务需求的满足情况

问题		数量	占比（%）
在过去一年中，您是否通过互联网、手机App、紧急呼叫系统等途径寻求过养老服务方面的帮助？	有过	67	5.7
	没有	1 050	89.4
	未回答	57	4.9
您如果曾经利用互联网、手机App、紧急呼叫系统等途径寻求过帮助，主要是哪些方面的养老服务？（多选）	代购日常生活用品	514	43.8
	请人维修电器、家具等	497	42.3
	请医生上门看病	401	34.2
	找人陪同上医院	326	27.8
	找保姆	209	17.8
	代购药品	205	17.5
	请人打扫卫生	143	12.2
	请人洗衣服被褥	123	10.5
	请人陪同聊天	113	9.6
	请人帮忙做饭	97	8.3
	请人帮忙洗澡	23	2.0
	其他	4	0.3

第三章 "互联网+"养老服务的需求——基于老年居民的调查

老年人对"互联网+"养老服务有需求,但这种需求能否得到满足,实际上取决于一系列的影响因素,比如有没有网络,会不会上网,会不会使用网络,会不会使用网络的各种功能,以及网络的收费等。在回答"您平时上网吗"这一问题时,"经常上网"的只占2.6%,"偶尔上网"的也仅占24.9%,"从来不上网"的高达66.5%,6.0%的被调查者甚至回答"没有网络"(参见表3.19)。经常上网和偶尔上网的,合计也只占全部被调查者人数的1/4多一点。手机是老年人寻求养老服务帮助的最重要通信工具,但是,对手机上一些最常用的功能,相当大比重的被调查者表示不会使用,其中:会使用微信的只有41.9%,会使用短信的只有30.3%,会使用手机App的仅仅3.1%,28.5%的被调查者甚至表示"什么都不会用""只会接打电话""没有手机""没有智能手机"等。

表3.19　　　　　　　　被调查者上网和使用手机情况

问题		数量	占比（%）
您平常上网吗？	经常上网	30	2.6
	偶尔上网	292	24.9
	从来不上网	781	66.5
	没有网络	71	6.0
您会使用手机上的下列用途吗？	短信	356	30.3
	微信	492	41.9
	App	36	3.1
	其他	335	28.5

据国家统计局的数据,截至2018年年底,我国移动电话普及率达到112.2部/百人。固定互联网宽带接入用户4.0738亿户,其中固定互联网光纤宽带接入用户3.6833亿户,移动宽带用户13.0565亿户[①]。我国互联网的普及率达到如此之高的水平,为发展"互联网+"养老服务奠定了良好的基础。但是,从"您觉得现在从网上或手机App等途径寻求养老服务方便吗"的调查结果看,回答"方便"的只占22.8%,回答"不太方便"和"很不方便"的分别占50.0%和24.2%。后两者合计,占到全部被调查者人数的约3/4。"如果您觉得现在从网上或手机App等途径寻求养老服务不方便,主要原因是

---

① 国家统计局. 中华人民共和国2018年国民经济和社会发展统计公报 [EB/OL]. https://baijiahao.baidu.com/s? id=1626679262024035080&wfr=spider&for=pc.

什么?"按照所占比重的高低,依次是:58.3%的被调查者是因为"不会上网",24.8%的被调查者是因为"上不了网",20.6%的被调查者是因为"收费太贵",18.3%的被调查者是因为"上门养老服务机构少",8.6%的被调查者是因为"等候的时间太长",4.3%的被调查者是因为"服务质量不高",4.1%的被调查者是因为"服务态度不好"。这些原因大致可以分为两类:"不会上网"和"上不了网"属于互联网方面的问题,其他则主要属于上门服务方面的问题(参见表3.20)。

表 3.20　　　被调查者对从网上或手机 App 寻求养老服务帮助是否方便的感受

问题		数量	占比(%)
您觉得现在从网上或手机 App 等途径寻求养老服务方便吗?	方便	268	22.8
	不太方便	587	50.0
	很不方便	284	24.2
	没有回答	35	3.0
如果您觉得现在从网上或手机 App 等途径寻求养老服务不方便,主要原因是什么?	上不了网	291	24.8
	不会上网	685	58.3
	上门养老服务机构少	215	18.3
	等候的时间太长	101	8.6
	收费太贵	242	20.6
	服务态度不好	48	4.1
	服务质量不高	51	4.3
	其他	6	0.5

上述调研结果说明,推动"互联网+"养老服务的持续健康稳定发展,一方面,要加强互联网及其知识的普及,要加强适合老年人群特点的互联网和移动通信软件和硬件建设,开发更多方便和适合老年人需求的产品;另一方面,要加强"互联网+"养老服务供给体系建设,重点是要适应老年人多层次、多方面的需求,培育和整合养老服务供给商或加盟商,加快养老服务供给侧结构性改革。

四、本章小结

1. 养老服务是特殊的服务,不能简单地以供给引导需求。发展养老服务,首先要搞清楚老年人需要哪些养老服务,不同老年人群体的养老服务又有什么差异，着力解决需求与供给的脱节问题。近年来，学术界、政府相关部门以及一些养老服务机构对老年人的养老服务需求，包括"互联网+"的养老服务需求做了大量的实证调研、理论研究和分析。

2. 本章主要对课题组进行的老年人"互联网+"养老服务需求调查数据进行分析。样本的个人基本情况和家庭基本情况，是影响老年人养老服务需求的重要因素，其中个人基本情况包括性别、年龄、文化程度、婚姻状况、子女数及子女共同居住情况、生活自理能力、以前主要从事的工作等；样本的家庭基本情况主要包括被调查者家庭年轻人是否外出打工、家庭每月总收入和总支出、家庭收入用于哪些方面等对养老有密切影响的几个因素。主要从养老方式需求和养老服务内容需求两方面，分析了老年人的养老服务一般性需求，在此基础上，重点对老年人"互联网+"养老服务需求、需求的满足以及影响因素等几个方面进行分析。

3. 如果碰到养老方面的问题，只有不到8%的被调查者会到网上查找相关养老服务信息，这一比例是不高的。如果老年人碰到养老方面的难题，仅有4.4%的被调查者会"到网上寻找提供服务的专业养老服务机构"。电话、短信、微信是当今相当普及的通信手段，老年人使用起来比较方便，得到了广泛的使用，但老年人互联网使用率仍然不高。子女、其他亲友或邻居、村干部或社区干部，是老年人碰到养老方面难题时寻求帮助的主要对象，完全靠自己解决的也不少，真正寻求专业的养老服务机构帮助的极少。

4. 如果通过互联网寻求所在社区和养老服务机构提供上门服务，代购日常生活用品、医生上门看病和维修家具电器这三个方面的需求是最大的。实际上，老年人对社区和养老服务机构的服务需求是多方面、多样化的。社区、养老服务机构开展相关养老服务项目，必须更有针对性，既要考虑到满足老年人"大众化"的养老服务需求，也要充分考虑到老年人"小众化"的需求，充分做到有需求有供给，供需相匹配，以满足老年人对更加美好生活的需要和向往。

5. 老年人对"互联网+"养老服务有需求，但这种需求能否得到满足，实际上取决于一系列的影响因素，比如有没有网络，会不会上网，会不会使用网络，会不会使用网络的各种功能，以及网络的收费等。推动"互联网+"养老服务的持续健康稳定发展，一方面，要加强互联网及其知识的普及，加强适合老年人群特点的互联网和移动通信软件和硬件建设,开发更多方便和适合老年人需求的产品;另一方面,要加强"互联网+"养老服务供给体系建设,重点是要适应老年人多层次、多方面的需求,培育和整合养老服务供给商或加盟商,加快养老服务供给侧结构性改革。

第四章

"互联网+"养老服务供给
——基于养老机构的调查

满足广大老年人日益增长的多样化、多层次、个性化养老服务需求，必须加快养老服务供给侧结构性改革，补短板强弱项，着力解决养老服务发展不均衡不充分的问题。"互联网+"养老服务供给，则是将"互联网+"与养老服务供给有机结合，形成的一种养老服务供给新模式。自2015年7月国务院印发《关于积极推进"互联网+"行动的指导意见》以来，我国"互联网+"养老服务得到了迅速发展，不仅出现了一批专业化的"互联网+"养老服务信息平台和网站，而且形成了一个没有边界的依托互联网技术手段的养老服务供应体系，与此同时，大批传统的养老机构运用互联网技术手段和运营平台进行升级改造，在养老服务中广泛运用互联网技术手段以提高服务的水平和质量。

一、现有研究述评

满足老年人对更加美好生活的需要，必须改进和完善养老服务供给，使老年人的养老服务需求得到切实的满足，使养老服务供给真正符合老年人的实际需要，破解当前养老服务中有需求无供给或供给不足、有供给无需求的问题，真正做到供需衔接、相互匹配。本节对养老服务供给问题研究的梳理，包括养老服务的一般性供给（包括供给主体、供给内容与供给方式等）和"互联网+"养老服务供给两个方面。

（一）养老服务供给

养老服务供给包括供给主体、供给资料、供给方式、供给的具体内容，以及政策供给等，学术界的研究涉及养老服务供给的几乎所有这些方面，以及存在的问题。

1. 养老服务的政策供给

进入21世纪以来，为有效应对人口老龄化，加快发展养老服务，满足老年人更加美好的老年生活需要，国家及相关部门制定了一系列促进养老服务发展的政策文件，如2012年12月修订颁布的《中华人民共和国老年人权益保障法》，2013年9月国务院印发的《关于加快发展养老服务业的若干意见》和《关于促进健康服务业发展的若干意见》，2014年6月教育部、民政部、国家发展改革委、财政部、人力资源社会保障部、国家卫生计生委等九部门发布的《关于加快推进养老服务业人才培养的意见》，2014年8月财政部、国家发展改革委、民政部、全国老龄办发布的《关于做好政府购买养老服务工作的通知》，2014年9月国务院发布的《关于促进旅游业改革发展的若干意见》，2015年2月民政部、国家发展改革委、教育部、财政部等十部委联合发布的《关于鼓励民间资本参与养老服务业发展的实施意见》，2015年7月国务院发布的《关于积极推进"互联网+"行动的指导意见》，2015年11月国家卫生计生委、民政部、国家发展改革委、财政部、人力资源社会保障部、国土资源部、住房城乡建设部、全国老龄办、中医药局发布的《关于推进医疗卫生与养老服务相结合的指导意见》，2016年6月人社部印发的《关于开展长期护理保险制度试点的指导意见》，2016年7月民政部、财政部发布的《关于中央财政支持开展居家和社区养老服务改革试点工作的通知》，2016年12月国务院办公厅颁发的《关于全面放开养老服务市场提升养老服务质量的若干意见》，2017年2月工信部、民政部、国家卫生计生委联合印发《智慧健康养老产业发展行动计划（2017—2020年）的通知》。学术界对国家关于养老服务发展的政策文件进行了深入的和全方位的解读，认为这些文件均体现了养老服务"政府托底保基本，民间力量是主体"[①] 的供给格局，"为激发社会力量参与养老服务供给提供了政策导向和操作空间"。[②]

2. 养老服务供给的主体、资源、内容与方式

养老服务的供给，包括养老服务供给的主体、供给的方式、供给的内容

---

① 王羚. 以房养老明年试点 社会力量将发力养老服务业 [N]. 第一财经日报，2013-9-16.
② 郭丽娜，郝勇，吴瑞君. "互联网+养老服务"：O2O模式的养老服务供需平台构建 [J]. 电子政务，2016，(10)：17-24.

和供给的资源等。许多学者在研究养老服务问题的论文和著作中都进行过这方面的文献梳理。①

对养老服务供给主体的研究，主要涉及政府、养老服务机构、企业、社会组织、志愿者、社区和家庭，以及老年人互助性组织以及老年人自身等。"养老服务是准公共产品……政府应发挥积极作用。"② 政府主要职责是"进行总体规划、制定扶持政策、提供资金支持、进行监督管理等"。③ 养老服务企业和机构是发展养老服务的重要力量，"市场机制的优势在于能够灵活多变地追随需求，提供个性化服务"。④ 社会要承担起居家养老服务支持和日间照料、短期托养服务双重职责。"组织低龄健康老年人为高龄老年人、患病老年人服务本身就是一种社会参与的体现，又实现了老年人的自身价值。"⑤ 要"重新安排政府、市场与家庭在养老政策中的福利搭配和责任分担，进而统筹它们的作用以形成合力"。⑥

养老服务的资源，从来源上看包括政府资源、社区资源、家庭资源以及其他社会资源，"家庭资源、社区资源、政府资源"要三方面互动⑦。从资源的具体内容看，包括财政资源、物质资源、人力资源、组织资源等。财政资源有政府的财政投入、慈善资金投入、养老服务机构和企业的资金投入，物质资源主要包括养老服务设施设备、养老为老产品开发和生产，人力资源中最重要的是养老护理人员队伍。各类资源、各方面资源的整合，是学术界普遍关注的一个问题。要"整合政府部门的资源、整合政府与社会的资源、整合居家养老与机构养老的资源、整合老年人自身的资源等"。⑧

养老服务供给的具体内容，是以满足老年人的养老服务需求而划分的，主要包括日常生活照料、医疗康复护理、精神慰藉等方面。日常生活照料服

---

① 郭丽娜，郝勇，吴瑞君．"互联网+养老服务"：O2O 模式的养老服务供需平台构建 [J]．电子政务，2016（10）：17-24．

② 崔岩．居家养老模式中的政府作用 [J]．商业文化：学术版，2008（8）：101．

③④⑤ 谢伟．促进居家养老服务多元化发展——以积极老龄化为视角 [J]．发展，2014（4）：84-85．

⑥ 彭希哲，胡湛．公共政策视角下的中国人口老龄化 [J]．中国社会科学，2011（3）：121-138．

⑦ 杨宜勇，杨亚哲．论我国居家养老服务体系的发展 [J]．中共中央党校学报，2011，15（5）：94-98

⑧ 宋言奇．居家养老中资源整合问题——基于苏州的实践 [J]．苏州大学学报：哲学社会科学版，2015（1）：40-45．

务是养老服务供给的重要方面，也是养老服务机构能够提供的最基本服务，相对而言，医疗护理服务受到越来越多的重视，但精神慰藉服务比较欠缺。①

根据供给主体的不同，养老服务的供给有四种基本方式：政府直接供给、市场盈利性供给、公民社会组织的公益性供给、老年人自主组织和自主供给。单一的供给方式都存在弊端，"政府、市场与公民社会组织的合作化供给"是一种更为务实的选择。②从居家养老服务来讲，有政府主办、层级联动模式，政府主导、中介组织运作模式，政府资助、机构主办、连锁经营模式，政府购买服务、公司承办、市场运营模式。③

3. 养老服务供给存在的主要问题

养老服务供给方面存在的问题，是学术界关注的一个重点。应该说，21世纪以来，特别是最近几年，我国养老服务供给状况有了很大的改善，但存在的问题仍然不少，同满足老年人对更加美好生活的需要仍然有比较大的差距。比如，"养老服务政策的城乡不均衡"④，政策供给不足、实际供给较为单一⑤，"与老年人需求多元化难以匹配"⑥，服务人员专业化水平低，"社会力量参与相对有限"⑦，等等。

（二）"互联网+"养老服务供给

"互联网+"养老服务是一个本土化的概念。国外最早关注的是如何利用互联网信息技术促进养老和医疗服务有机结合，最初由英国信托基金提出"智慧养老"这一概念，也被称为"全智能老年系统"。国内的"互联网+"

---

① 胡晓琳，胡永国，黄文杰，等. 重庆市高校社区养老服务现状及老年人养老意愿影响因素研究[J]. 保健医学研究与实践，2017，14（1）：14-20；闫志俊，袁嫚玉. "互联网+"背景下养老服务产业转型升级研究——基于城市中高收入人群养老服务需求的调查[J]. 长沙民政职业技术学院学报，2016，23（4）：8-11；湖南省财政科学研究所课题组. 基于湖南养老服务需求的实证分析[J]. 财政科学，2016（3）：98-104；丛春霞，彭歆燕. 城市居民居家养老服务供需问题研究[J]. 东北财大学报，2017（1）：49-56.

② 吕普生. 政府与公民社会组织在养老服务供给中的合作模式研究——基于北京市宣武区三种合作方式的分析[J]. 科学决策，2009（12）：1-23.

③ 阎青春. 四种居家养老服务模式的"利"与"弊"[J]. 社会福利，2009（3）：19-20.

④ 丁建定，李薇. 论中国居家养老服务体系建设中的核心问题[J]. 探索，2014（5）：138-143.

⑤ 高灵芝，刘雪. 供需适配角度的城市居家养老服务研究[J]. 南通大学学报：社会科学版，2012，28，（3）：63-73.

⑥ 梁鸿. 浦东新区老年事业发展的资源问题与对策[J]. 市场与人口分析，1998，4，（3）：3.

⑦ 郭丽娜，郝勇，吴瑞君. "互联网+养老服务"：O2O模式的养老服务供需平台构建[J]. 电子政务，2016（10）：17-24.

养老服务研究,自 2015 年 7 月国务院印发《关于积极推进"互联网+"行动的指导意见》后迅速展开。

1. "互联网+"养老服务供给的发展与趋势

将"互联网+"与养老服务供给有机结合,形成了养老服务供给的一种新模式。利用先进的技术手段构建智慧养老服务体系和智慧服务平台,能够充分实现养老生活科技化,能够提供便捷、专业的养老服务,不断满足多元化、个性化的养老服务需求,提升老年人的生活质量和幸福感。① 与传统的养老服务供给模式相比,"互联网+"养老服务供给在信息集成的基础上构建养老服务信息平台和信息数据库,可以实现政府的高效管理;能够有效地整合资源,实现养老服务供需双方的有序对接;能够通过智能设备的运用,降低对人力资源的依赖。②

从"智能养老""智慧养老"等概念的提出,到智能养老设备的设计和生产,到随后各地"养老服务热线"和"养老服务信息平台"的开通与构建,再到养老服务 B2C、O2O 等概念与平台的试水等,无不折射出"互联网+"在养老服务供给中的应用前景。③ "互联网+"应用于养老服务,主要有养老服务供给单位服务信息的网络化、通信呼叫式养老服务平台、购物式网络运营平台等多种渠道。④

2. "互联网+"养老服务供给存在的主要问题及其原因

"互联网+"养老服务供给,"普遍面临着养老服务和产品供给不足,市场发育不完善,城乡发展不平衡,资金、服务人员短缺,服务质量不高导致难以满足需求等问题。"⑤ 从供需关系看,"互联网+"养老服务供给的服务项目和价格同老年人的需求之间存在结构性矛盾;从"互联网+"养老服务供给平台看,平台少,不完善,不统一。⑥

"互联网+"养老服务作为一种新生事物,存在一些问题是正常的,产生

---

① 张园,连楠楠. 老年人对养老机构智慧养老服务需求与意愿研究——基于包头市的调查[J]. 经济研究导刊,2018(27):55-59.
② 屈贞. 智慧养老:创新我国养老服务供给模式新选择[J]. 社保论坛,2016(6):21-22.
③④ 郭丽娜,郝勇,吴瑞君. "互联网+养老服务":O2O 模式的养老服务供需平台构建[J]. 电子政务,2016(10):17-24.
⑤ 杨国军,刘素婷,孙彦东. "互联网+"养老变革与供给侧结构性改革研究[J]. 改革与战略,2017(1):146-149.
⑥ 孔伟艳. "互联网+"养老服务供给侧问题与对策建议[J]. 中国经贸导刊,2017(10月下):146-149.

这些问题的原因也是多方面的。如平台、供应商与老年人三方共赢合作机制的欠缺，供需双方信息的错配失称，平台本身的局限性，企业动力不足，职业队伍培育制度缺失等。①

3. 加快"互联网+"养老服务供给侧结构性改革的政策措施

"互联网+"养老服务，把互联网的创新成果与养老服务深度融合，对推动我国养老服务体系的发展具有重要意义。针对目前阶段我国"互联网+"养老服务供给侧存在的问题，学术界提出了相应的政策建议。最主要的有这样几个方面：一是加强公共政策对"互联网+"养老服务发展的引导、保护和支持，创造有利于"互联网+"养老服务发展的制度和政策环境；② 二是依靠科技创新，推动"互联网+"养老服务；③ 三是充分发挥市场主导作用，促进企业创新，整合资源，推进医养、企养融合发展；④ 四是以老年人需求为导向，完善"互联网+"养老服务信息平台，构建养老服务信息平台与服务提供商的衔接机制，实现"互联网+"养老服务的精准供给；⑤ 五是加强宣传引导，营造"互联网+"养老服务（智慧养老）的环境氛围；⑥ 六是加强"互联网+"养老服务人才培养，新设资格证书，鼓励员工培训。⑦

（三）对现有研究的简要评价

养老服务供给问题，涉及供给的主体、供给的方式、供给的资源和内容，以及政策供给等方面，学术界对这些方面都有研究，但研究最多的还是供给主体的职责划分问题，且多数都是基于政策文本的解读展开的。"要构建有效的养老服务供给模式，需要对多元的供给框架、分散的养老资源、趋同的服务类别和单一的供给方式进行合理的设计。"⑧

"互联网+"养老服务供给与传统的养老服务供给相比，具有独特的优势，

---

① 孔伟艳. "互联网+"养老服务供给侧问题与对策建议［J］. 中国经贸导刊，2017（10月下）：146-149.

② 屈贞. 智慧养老：创新我国养老服务供给模式新选择［J］. 社保论坛，2016（6）：21-22；杨国军，刘素婷，孙彦东. "互联网+"养老变革与供给侧结构性改革研究［J］. 改革与战略，2017（1）：146-149.

③④ 杨国军，刘素婷，孙彦东. "互联网+"养老变革与供给侧结构性改革研究［J］. 改革与战略，2017（1）：146-149.

⑤ 孔伟艳. "互联网+"养老服务供给侧问题与对策建议［J］. 中国经贸导刊，2017（10月下）：146-149；屈贞. 智慧养老：创新我国养老服务供给模式新选择［J］. 社保论坛，2016（6）：21-22.

⑥⑦ 屈贞. 智慧养老：创新我国养老服务供给模式新选择［J］. 社保论坛，2016（6）：21-22.

⑧ 郭丽娜，郝勇，吴瑞君. 互联网+养老服务：O2O模式的养老服务供需平台构建［J］. 电子政务，2016（10）：17-24.

尤其是能够为供需双方、供给各方搭建起更加便捷的信息沟通渠道，有助于解决供需失衡问题。这已经成为学术界、政府和养老服务业界的一个共识。但是，目前"互联网+"养老服务供给仍然存在着多方面的问题，学术界基于对这些问题的研究，也给出了相应的政策建议。

"互联网+"养老服务供给作为养老服务供给的一种新方式，既可以是传统养老服务机构和企业通过升级改造而形成新的"互联网+"养老服务供给方，也可以是通过养老机构、社区、居家养老服务中心运用"互联网+"技术手段开展养老服务，还可以是互联网运营机构运用自己的网络信息平台开展养老服务。因而，"互联网+"运用于养老服务的具体路径是多种多样的。学术界的研究关注到了"互联网+"养老服务供给的多样化，但现有的研究基本上都是从学理上进行分析，很少基于实证调查数据对某一种供给方式或供给主体进行深入的探讨。

二、"互联网+"养老服务供给问卷调查及其样本基本情况

养老服务的供给是多元的，既有政府的政策、财政、土地等供给，又有社区、养老服务机构和企业、社会组织等的服务供给，还有互联网平台的信息和知识等供给，以及医疗机构的医疗康复保健等供给。无疑，在这些所有供给主体中，养老服务机构是把"互联网+"运用于养老服务，在养老服务中主动运用互联网技术手段以提升服务水平和质量的一个最重要的主体。因而，本书选取养老服务机构这一主体，试图通过解剖这一"麻雀"，以了解和分析"互联网+"养老服务供给的一般情况。为此，我们设计了"'互联网+'养老服务调查问卷"（养老服务机构卷），利用中国红十字会总会事业发展中心于2017年6月和2018年8月分别于贵阳和石家庄举办的养老服务机构负责人培训班的机会，对250家养老机构发出问卷。在对所有回收的问卷进行审核后，剔除其中的25份无效问卷（主要是数据填写相互矛盾，未回答问题过多），从而形成最终的有效问题225份。这225家养老服务机构来自全国所有省份（石家庄培训班时额外给河北省提供了部分名额，在总样本中东部地区所占比重也比较高），涵盖了各种所有制性质（公办公营、公建民营、民营），大中小、高中低端各种类型的养老服务机构，因而具有一定代表性。

（一）养老机构的所有制性质

在这次调查的225家养老机构中，城镇公办公营养老机构19家，占

8.4%；城镇公建民营养老机构 37 家，占 16.4%；农村五保老年人集中供养机构 9 家，占 4.0%；民办养老机构 158 家，占 70.2%，其中：个人投资（含合伙、合作）举办的 140 家，企业投资举办的 12 家，社会组织投资举办的 6 家；其他 2 家，占 0.9%（参见表 4.1）。经过多年的改革发展，对养老机构的性质，实际上已经很难简单地进行公办民办划分。城镇公建民营养老机构，一部分是从公办公营养老机构改制过来的，一部分是新建的公办养老机构，建成后直接采取民营的方式经营运转。现在的公办公营养老机构中，也还会有一部分改制为公建民营。农村五保老年人集中供养机构一般由乡镇一级地方政府举办，调查中发现，许多农村五保老年人集中供养机构实际上是委托民间力量或民办养老机构经营管理。公益性社会组织投资举办的养老机构，登记注册为民办养老机构（社会服务机构），但这些公益性社会组织并非完全的民间力量。目前，越来越多的养老机构融合了"公办"与"民办"，成为政府与社会、政府与企业交融合作的养老服务机构。

表 4.1　　　　　　　　　　所调查的养老机构基本情况

	基本情况	数量	占比（%）
养老机构性质	城镇公办公营养老机构	19	8.4
	城镇公建民营机构	37	16.4
	农村五保老人集中供养机构	9	4.0
	民办养老机构	158	70.2
	其他	2	0.9
开办时间	2000 年前	19	8.4
	2001—2010 年	72	32.0
	2011 年及以后	134	59.6
所在地区	东部地区	146	64.9
	中部地区	29	12.9
	西部地区	50	22.2
所在位置	市区	78	34.7
	城市近郊区	79	35.1
	城市远郊区	6	2.7
	集镇	20	8.9
	农村	39	17.3
	其他	3	1.3

(二) 养老机构的开办时间

从养老机构开办的时间看，只有8.4%的机构是2000年前开办的，32%的养老机构是2000—2010年间开办的，59.6%的养老机构是2011年及之后开办的。近六成的养老机构开办的时间至今不到10年（参见表4.1）。

人口的快速老龄化，加上生育率下降和家庭小型化等因素的共同作用，使传统的家庭养老功能越来越弱化，人们对社会化养老服务的需求不断上升，养老后顾之忧日益加重。要实现人人老有所养这一目标，或者说破解我国养老难题，必须解决好养老保险和养老服务两大同等重要的问题。这两大问题，也正是人口老龄化对我国养老保障体系建设提出的两大挑战。大体上讲，2000年前，我国在养老保障体系建设方面的重点是建立和完善养老保险制度。进入新世纪后，在继续完善养老保险制度并不断提高养老金水平的同时，才把养老服务体系建设摆到了应有的重要位置。[①] 正因为如此，2000年前我国开办的养老机构很少，且多数是公办养老机构。进入新世纪后，我国采取了一系列的政策和财政扶持措施，加大了养老服务体系建设的力度，新建了一大批养老机构。其中，"十二五"时期是我国养老机构发展最快的时期，许多养老机构正是这一时期建成并投入使用的。

(三) 养老机构所在地区与所处位置

从所在地区看，本次调查的养老机构中，东部地区（包括辽宁、北京、天津、河北、山东、江苏、上海、浙江、福建、广东、广西、海南）占64.9%，中部地区（包括山西、内蒙古、吉林、黑龙江、安徽、江西、河南、湖北、湖南）占12.9%，西部地区（包括陕西、甘肃、青海、宁夏、新疆、四川、重庆、云南、贵州、西藏）占22.2%（参见表4.1）。调研的中部地区养老机构偏多，主要是受调研条件限制，在河北选点多的缘故。河北虽然从区域划分看属于东部地区，但实际上该省在经济发展水平等主要特征看与中部地区更为接近。因而，所在地区的分布对样本的代表性有影响，但这种影响并不大。

从所在位置看，位于城市近郊区和市区的养老机构最多，分别占35.1%和34.7%，其中许多是开办比较早的公办养老机构；位于农村和集镇的养老机构分别占17.3%和8.9%，主要是农村五保老年人集中供养机构和民办养老

---

① 青连斌. 求解中国养老难题 [M]. 北京：中共中央党校出版社，2017：53.

机构;位于城市远郊区的养老机构不多,仅占 2.7%(参见表 4.1)。

(四) 养老机构的规模与床位利用率

养老机构的规模是决定一个养老机构服务供给,特别是"互联网+"养老服务供给的重要因素。衡量养老机构规模的指标有多个,但其中最主要的仍然是养老机构的床位数。从本次调查的结果看,床位数在 201 张及以上的养老机构最多,占 28.9%;其次是 51~100 张床位的养老机构,占 23.6%;101~150 张和 151~200 张床位的养老机构,各占 16.0%;11~50 张床位的养老机构占 12.0%,10 张及以下床位的养老机构占 0.4%,另有 3.1% 的养老机构未填写床位数(参见表 4.2)。10 张床位以下(实际为 8 张)的养老机构,为一家短期托养机构,这是以往多次调研中未曾包含的养老机构。从填写养老床位数的 218 家养老机构来看,床位最多的达 3 000 张(为一家连锁经营的养老机构),最少的只有 8 张(为一家短期托养机构),平均所拥有的床位数约为 200 张,中值为 137 张(参见表 4.3)。

表 4.2　　所调查的养老院床位数与实际入住老年人数的分布

基本情况		数量	占比(%)
床位数	10 张及以下	1	0.4
	11~50 张	27	12.0
	51~100 张	53	23.6
	101~150 张	36	16.0
	151~200 张	36	16.0
	201 张及以上	65	28.9
	未填	7	3.1
实际入住老人数	10 人及以下	4	1.8
	11~50 人	62	27.6
	51~100 人	62	27.6
	101~150 人	41	18.2
	151~200 人	14	6.2
	201 人及以上	29	12.9
	未回答	13	5.8

从实际入住人数看,除 5.8% 的养老机构没有填答数据外,实际入住人数为 11~50 人和 51~100 人的养老机构最多,分别占 27.6%;其次是入住 101~150 人的养老机构,占 18.2%;第三是入住 201 人及以上的养老机构,占

12.9%;实际入住人数在 151~200 人和 10 人及以下的都不多,分别只占 60.2%和 1.8%(参见表 4.2)。从回答实际入住人数的 212 家养老机构的统计数据看,实际入住人数最多的为 1 800 人(同样是一家连锁经营养老机构),最少的只有 2 人(也同样为一家短期托养机构),平均入住人数为 121.3 人,中值为 85.5 人(参见表 4.3)。

表 4.3　　所调查的养老院床位数与实际入住老年人数的具体情况

项目	总和	均值	中值	众数	标准差	极小值	极大值
床位数（N=218）	43 575	199.9	137.0	100	247.2	8	3 000
入住人数（N=212）	25 706	121.3	85.5	70	172.2	2	1 800

养老机构床位数和实际入住人数相比,存在相当大的差距,床位的实际利用率只有 60%多一点,换言之,近 40%的床位处于空置状态。尤其是床位规模在 200 张以上的养老机构,床位空置率更高。拥有 201 张及以上床位的养老机构达 65 家,实际入住人数达到 201 人及以上的养老机构只有 29 家,连一半都不到。可见,目前养老机构床位的空置问题仍然是比较突出的。当然,不同类型、不同规模、不同地区、不同位置的养老机构的床位利用率或空置率存在明显的差异,我们在其他研究中也做过分析[①],这里不再详述。

(五)养老机构的主营业务

早期的养老机构提供的服务,基本上就是普通的入住服务(提供养老床位、餐饮和必要的医疗服务,实际上很多养老机构还提供了医疗服务)。随着养老服务的拓展和医养结合的推进,特别是为满足老年人康复服务和日间照料的需要,发展了一批护理院、临终关怀机构和日间照料中心、短期托养机构。随着"互联网+"在养老服务领域的应用和推广,又出现了一批"互联网+"养老服务网络运营商和信息中心。现在,许多养老机构提供的服务已经不再是单一的,而是多样化的。

从调查结果看,养老机构的主营业务(限选两项)为普通的入住服务(指提供床位、餐饮和必要的医疗服务的养老机构)的最多,占 87.1%;第二是日照服务(指社区日照中心开展的服务),占 16.0%;第三是以康复为主的入住服务(指老年病医院开展的老年病床服务以及老年护理院、康复院开展的养老服务),占 15.6%;第四是"互联网+"养老服务(指"互联网+"网

---

① 青连斌.求解中国养老难题[M].北京:中共中央党校出版社,2017:264-266.

络运营商、信息中心开展的养老服务），占7.1%；第五是上门居家养老服务，占6.7%（参见表4.4）。

表4.4　　　　所调查的养老机构的主营业务（限选两项）

主营业务	数量	占比（%）
普通入住服务	196	87.1
日照服务	36	16.0
上门居家养老服务	15	6.7
以康复为主的入住服务	35	15.6
"互联网+"养老服务	16	7.1

我们在实地调查中了解到，目前，一些以普通入住服务为主营业务的养老机构（传统意义上的养老院）、社区日间照料中心、护理院，都开展了上门居家养老服务，但单一的上门养老服务机构并不多。一个可喜的情况是，以"互联网+"养老服务为主营业务的养老机构，占到了所调查的养老机构总数的7.1%，这至少说明"互联网+"已经在我国养老服务发展中得到了越来越多、越来越广泛的运用。

三、"互联网+"养老服务供给问卷调查数据的分析

养老机构开展"互联网+"养老服务，除极少数机构单独建立互联网网络平台提供面向社会的服务外，多数仅仅是运用互联网技术手段升级改造传统的养老服务机构，在养老服务中更多地运用互联网技术手段以提高服务的水平和质量，比如建立联结入住老人、护理人员、管理人员、医生等相关人员的信息呼叫中心，有的信息呼叫中心还能够联通周边居家养老的老人以便开展上门服务；建立与医疗机构、养老服务加盟商、社会公益组织、政府相关部门等等的信息网络平台，加强与有关各方的信息联系，等等。毕竟"互联网+"养老服务开展的时间并不长，不同养老机构开展"互联网+"养老服务的具体情况千差万别，甚至对自己机构是否开展了"互联网+"养老服务的认知也还相当模糊，这在后面的数据分析中体现得很明显。

（一）对"互联网+"养老服务的认知

判断一个养老机构是否开展了"互联网+"养老服务，是否属于"互联网+"养老服务机构，我们首先要了解这个机构自己对这一问题的认知。从调查结果看，对这一问题的认知是模糊的，甚至是矛盾的。从"您所在的养老

机构是否开展了'互联网+'养老服务"看，回答"是"的占 27.1%，回答"否"的占 67.1%，回答"说不好"的占 5.8%（参见表 4.5）。回答"说不好"这一答案本身，就说明一些养老机构对自己开展的相关养老服务是不是"互联网+"养老服务的认知是很模糊的，拿捏不准。

表 4.5　　　　　　　　　对"互联网+"养老服务的认知

项目		数量	占比（%）
您所在的养老机构是否开展了"互联网+"养老服务	是	61	27.1
	否	151	67.1
	说不好	13	5.8
您是否认为自己所在的养老机构属于"互联网+"养老机构	是，我们是一家"互联网+"养老服务运营平台（指互联网养老网站、专门的互联网养老信息平台）	23	10.2
	是，我们是一家运用互联网技术手段升级改造而成的"互联网+"养老服务机构	13	5.8
	谈不上，只是运用了"互联网"技术手段开展一些养老服务	80	35.6
	不是	95	42.2
	未回答	14	6.2

我们把上述问题转换为"您是否认为自己所在的养老机构属于'互联网+'养老机构"，回答"是，我们是一家'互联网+'养老服务运营平台（指互联网养老网站、专门的互联网养老信息平台）"的占 10.2%，回答"是，我们是一家运用互联网技术手段升级改造而成的'互联网+'养老服务机构"的占 5.8%，回答"谈不上，只是运用了'互联网'技术手段开展一些养老服务"的占 35.6%，明确回答"不是"的占 42.2%，另有 6.2% 的养老机构没有做出回答（参见表 4.5）。前三项都是开展了"互联网+"养老服务，合计占 51.6%，远远高于前一道问题回答所在养老机构开展了"互联网+"养老服务所占的比重（27.1%）。

看似矛盾的两个调查结果，其实并不矛盾，问题实际上出在对判断一家养老机构是不是"互联网+"养老服务机构的标准存在差异。对"您认为判断一家养老机构是'互联网+'养老服务机构的标准主要是什么"（可以选多项）的回答中，44.9% 的被调查者认为是"为居家老人、社区、养老服务机构、服务加盟商建立有互联网信息平台",居第一位;36.9%的被调查者认为是"主营业务是'互联网+'养老",居第二位;33.3%的被调查者认为是"必须有自己独立的互联网站",居第三位;26.2%的被调查者认为是"运用微信群、QQ 群、手机 App 等即时信息交流平台",居第四位;19.6%的被调查者认为是"有自己内部的信息呼叫系统",居第五位;18.2%的被调查者认为是"在养老服务中运用了'互联网+'技术手段",居第六位。另外,1.3%的被调查者没有做出判断(参见表4.6)。

表4.6　　　　判断"互联网+"养老服务机构的标准

您认为判断一家养老机构是"互联网+"养老服务机构的标准主要是什么?(可选多项)	数量	占比(%)
主营业务是"互联网+"养老	83	36.9
必须有自己独立的互联网站	75	33.3
有自己内部的信息呼叫系统	44	19.6
为居家老人、社区、养老服务机构、服务加盟商建立有互联网信息平台	101	44.9
运用微信群、QQ 群、手机 App 等即时信息交流平台	59	26.2
在养老服务中运用了"互联网+"技术手段	41	18.2
其他	3	1.3

目前,如何判断或评价"互联网+"养老服务机构,学术界没有进行过全面的研究,更谈不上提出有价值的具有可操作性的标准体系,国家也没有出台相应的标准。目前学术界和实务界对"互联网+"养老服务的理解、认识存在很大的分歧,要形成共识很不容易,而这又很重要。只有明确"互联网+"养老服务机构的评价标准,才能清晰地判断一个养老服务机构、社区、企业是不是真正从事"互联网+"养老服务。形成共识的"互联网+"养老服务机构的评价标准,是开展相关课题研究和进行学术对话最重要的平台,也是通过学术研究为"互联网+"养老服务机构提供可资借鉴,进而改进工作、提升服务质量的可操作性强的建议的重要前提。

"互联网+"养老服务的开展是不均衡的。调查结果显明,从养老机构性质看,城镇公建民营养老机构开展"互联网+"养老服务的比重最高,达37.8%;民办养老机构次之,占28.5%;最低的是城镇公办公营养老机构,只有10.5%。从所在地区看,东部地区养老机构开展"互联网+"养老服务的比重最高，达 30.8%；中部地区和西部地区养老机构开展"互联网+"养老服务的比重相差不大，分别为 20.7% 和 20.0%。从养老机构的规模（床位数）看，拥有 201 张床位及以上的养老机构开展"互联网+"养老服务的比重最高，达 36.9%（参见表 4.7）。总体上看养老机构的规模越大，开展"互联网+"养老服务的比重越高。这一点，如果以实际入住老年人人数来衡量养老机构的规模，则会更加明显，实际入住老年人人数分别为 10 人及以下、11~50 人、51~100 人、101~150 人、151~200 人、201 人及以上的养老机构，开展了"互联网+"养老服务的养老机构所占比重，分别为 0、21.0%、19.4%、31.7%、35.7% 和 44.8%。

表 4.7　　所在养老机构是否开展了"互联网+"养老服务与养老机构性质等的交叉分析

养老机构的基本情况		机构数	所在养老机构是否开展了"互联网+"养老服务					
			是		否		说不好	
			数量	占比（%）	数量	占比（%）	数量	占比（%）
机构性质	城镇公办公营	19	2	10.5	17	89.5	—	—
	城镇公建民营	37	14	37.8	19	51.4	4	10.8
	农村五保	9	—	—	9	100.0	—	—
	民办	158	45	28.5	104	65.8	9	5.7
	其他	2	—	—	2	100.0	—	—
开办时间	2000 年前	19	5	26.3	13	68.4	1	5.3
	2001—2010 年	72	19	26.4	49	68.1	4	5.6
	2011 年及以后	134	37	27.6	89	66.4	8	6.0
地区	东部地区	146	45	30.8	92	63.0	9	6.2
	中部地区	29	6	20.7	23	79.3	—	—
	西部地区	50	10	20.0	36	72.0	4	8.0
养老机构规模	10 床以下	1	—	—	1	100.0	—	—
	11~50 床	27	9	33.3	16	59.3	2	7.4
	51~100 床	53	10	18.9	38	71.7	5	9.4
	101~150 床	36	7	19.4	27	75.0	2	5.6
	151~200 床	36	8	22.2	26	72.2	2	5.6
	201 床及以上	65	24	36.9	39	60.0	2	3.1

另外，调查结果也显示，不同时期开办的养老机构在是否开展了"互联

网+"养老服务方面的差别不大,2000年前、2001—2010年和2011年及之后开办的养老机构,开展"互联网+"养老服务的比重都在26%多一点(参见表4.7)。"互联网+"运用于养老服务是近几年才开始的,许多新建的养老机构正好赶上了"互联网+"行动这一良机,从一开始就比较重视和引入"互联网+"技术手段开展养老服务,开办时间早的养老机构也是近年来才开始引入"互联网+"技术手段进行升级改造,开展相应的"互联网+"养老服务的。

(二) 开展"互联网+"养老服务的基本情况

我国"互联网+"养老服务开展的时间不长,且并非所有的养老机构都开展了"互联网+"养老服务。根据本次调查结果,117家确认已经开展"互联网+"养老服务的养老机构,到目前为止已经做了11年及以上的仅占0.9%,做了6~10年的只占8.5%,做了1~5年的占54.7%,做了还不到1年的占35.9%(参见表4.8)。换言之,超过90%的养老机构开展"互联网+"养老服务的时间,只有5年及以下。"互联网+"养老服务作为一种新生事物,作为一种新技术新手段在养老服务领域的运用,实际上是随着国家"互联网+"行动的推进逐步展开的,本来也就才几年的时间。

表4.8　　　　开展"互联网+"养老服务的时间和主要内容

项目		数量	占比(%)
如果您所在的养老机构已经开展了"互联网+"养老服务,到目前为止已经做了多长时间(N=117)	11年及以上	1	0.9
	6~10年	10	8.5
	1~5年	64	54.7
	还不到1年	42	35.9
您所在的养老机构主要开展了哪些"互联网+"养老服务(可以多选)(N=117)	发布本养老机构信息	93	79.5
	通过机构内信息呼叫系统,为入住老人提供便捷的服务	82	70.0
	通过自己开设的网站和信息系统,建立养老机构与入住老人家属的联系	65	55.6
	搭建居家养老老人与本机构的信息呼叫系统,为居家养老老人提供上门服务	28	24.0
	搭建居家养老老人与其他养老服务机构、加盟服务商的信息交流系统	14	12.0

续表

项目		数量	占比（%）
您所在的养老机构主要开展了哪些"互联网+"养老服务（可以多选）（N=117）	利用本机构开设的信息网络系统，开展居家养老老人的健康管理	21	17.9
	利用本机构开设的信息网络系统，为居家养老的老人提供远程医疗	10	8.5
	其他	3	2.6

从机构性质看，城镇公办公营养老机构开展"互联网+"养老服务的时间在6~10年的所占比重稍高（22.2%），但也有个别民办养老机构已经开展了11年及以上时间；从养老机构开办时间看，2000年前开办的养老机构中已经开展"互联网+"养老服务达到11年及以上的约占11%，2001—2010年开办的养老机构中已经开展"互联网+"养老服务6~10年的占到22%；从所在地区看，东部地区养老机构开展"互联网+"养老服务的时间在11年及以上、6~10年、1~5年的所占比重，均高于中部地区和西部地区养老机构（参见表4.9）。总体上看，公办养老机构、开办时间长的养老机构、东部地区养老机构开展"互联网+"养老服务的时间相对稍早一些，所占比重略高一点。

表4.9 所在养老机构开展"互联网+"养老服务的时间与养老机构性质等的交叉分析

养老机构的基本情况		机构数	所在养老机构开展"互联网+"养老服务的时间							
			11年及以上		6~10年		1~5年		不到1年	
			数量	占比（%）	数量	占比（%）	数量	占比（%）	数量	占比（%）
机构性质	城镇公办公营	9	—	—	2	22.2	7	77.8	—	—
	城镇公建民营	20	—	—	1	5.0	11	55.0	8	40.0
	农村五保	1	—	—	1	100.0	—	—	—	—
	民办	87	1	1.1	10	6.9	46	52.9	42	35.9
	其他	—								
开办时间	2000年前	9	1	11.1	—	—	5	55.6	3	33.3
	2001—2010年	41	—	—	9	22.0	24	58.5	8	19.5
	2011年及以后	67	—	—	1	1.5	35	52.2	31	46.3
地区	东部地区	84	1	1.2	7	8.3	50	59.5	26	31.0
	中部地区	14	—	—	3	21.4	4	28.6	7	50.0
	西部地区	19	—	—	—	—	10	52.6	9	47.4

养老机构开展"互联网+"养老服务的具体内容或项目是多种多样的。在117家开展"互联网+"养老服务的养老机构中,利用互联网发布本养老机构信息的有93家,占79.5%,高居第一位;通过机构内信息呼叫系统,为入住老年人提供便捷服务的有80家,占70.0%,居第二位;通过自己开设的网站和信息系统,建立养老机构与入住老人家属联系的有65家,占55.6%,居第三位;搭建居家养老老年人与本机构的信息呼叫系统,为居家养老老年人提供上门服务的有28家,占24.0%,居第四位;利用本机构开设的信息网络系统,开展居家养老老年人的健康管理的有21家,占17.9%,居第五位;搭建居家养老老年人与其他养老服务机构、加盟服务商的信息交流系统的有14家,占12.0%,居第六位;利用本机构开设的信息网络系统,为居家养老的老年人提供远程医疗的有10家,占8.5%,居第七位;有3家养老机构开展了其他"互联网+"养老服务,占2.6%(参见表4.10)。显然,通过机构内信息呼叫系统为入住老年人提供便捷服务,通过自己开设的网站和信息系统建立养老机构与入住老年人家属联系这两项"互联网+"养老服务,是服务于本机构,用于提升本机构养老服务和管理的水平与质量的;搭建居家养老老年人与本机构的信息呼叫系统,为居家养老老年人提供上门服务,利用本机构开设的信息网络系统开展居家养老老年人的健康管理,搭建居家养老老年人与其他养老服务机构、服务加盟商的信息交流系统,利用本机构开设的信息网络系统为居家养老的老年人提供远程医疗这三项"互联网+"养老服务的

表4.10 您所在的养老机构开展"互联网+"养老服务,是独立开展的还是同其他机构合作开展的?(可以多选)(N=117)

具体情况	数量	占比(%)
独立开展的	70	59.8
同其他养老机构合作开展的	11	9.4
同互联网平台(网站)合作开展的	35	29.9
同政府机构合作开展的	21	17.9
同其他社会服务机构(社会组织)合作开展的	11	9.4
同高校、科研院所合作开展的	3	2.6
同医疗机构合作开展的	19	16.2
同社区合作开展的	12	10.3
其他	1	0.9

开展，则把本机构的养老服务延伸到居家养老服务领域，为这些养老机构开展居家养老服务提供了新的平台；发布本养老机构信息这一"互联网+"养老服务的开展，则兼具服务机构自身和服务居家养老双重作用。

养老机构开展"互联网+"养老服务，既可以是机构本身独立开展，也可以是同其他机构合作开展，而其他合作机构又是各种各样的。调查结果表明，养老机构自己独立开展"互联网+"养老服务的有70家，占59.8%，居第一位；同互联网平台（网站）合作开展的有35家，占29.9%，居第二位；同政府机构合作开展的有21家，占17.9%，居第三位；同医疗机构合作开展的有19家，占16.2%，居第四位；同社区合作开展的有12家，占10.3%，居第五位；同其他养老机构、其他社会服务机构（社会组织）合作开展的，各有11家，居第六位。此外，还有2.6%的养老机构同高校、科研院所合作开展"互联网+"养老服务，约1%的养老机构则采取了其他的方式开展"互联网+"养老服务（参见表4.10）。尽管独立开展"互联网+"养老服务的养老机构所占比重最高，达到近60%，但同其他各类机构和社区合作开展"互联网+"养老服务的合计达112家，占比则高达95.7%。当然，我们不能简单地比较独立开展和合作开展"互联网+"养老服务的养老机构所占比重，因为许多养老机构开展"互联网+"养老服务的合作机构可以有多种，有的还同社区合作。从合作的机构看，互联网平台（网站）、政府机构、医疗机构是养老机构开展"互联网+"养老服务的主要合作机构。互联网平台（网站）具有独特的优势，尤其是具有技术优势和几乎无边界的覆盖面，是养老机构开展"互联网+"养老服务的优势合作对象。各地方政府已经普遍建立信息中心，有的还建成了"大数据"中心，这些信息中心和"大数据"中心多数都预留了大量接口。在我们的调查中发现，一些地方的许多养老机构比如贵阳市曜阳养老服务中心，正是借助于政府的大数据开展"互联网+"养老服务的。同医疗机构合作开展"互联网+"养老服务，显然同推进医养结合养老服务的现实需要有关。

（三）开展"互联网+"养老服务的技术手段

养老机构可以运用的"互联网+"技术手段是多种多样的，但目前学界和业界对"互联网+"技术手段所涵盖的具体内容是没有形成共识的，比如微信和微信群是否属于"互联网+"技术手段的范畴等。这次调查，我们对"互联网+"技术手段采用了相对广义的概念。

从调查结果看，养老机构开展"互联网+"养老服务运用的技术手段，119家养老机构开设了微信公众号，占所调查的养老机构总数的52.9%，居第一位；97家养老机构建立了信息呼叫中心，占比为43.1%，居第二位；73家养老机构使用了GPS定位系统，占比为32.4%，居第三位；67家养老机构建立了微信群，占比为28.9%，居第四位；52家养老机构开设了互联网站（指自己开设有网站），占比为23.1%，居第五位；50家养老机构建立了内部信息网络系统（指自己开设的连通入住老年人、护理员、医生、管理人员等的信息网络系统），占比为22.2%，居第六位；46家养老机构建立了QQ群，占比为20.4%，居第七位；28家养老机构使用了手机App，占比为12.4%，居第八位。此外，还有1.3%的养老机构使用了第三方信息平台（如地方政府及民政、老龄办等主管部门，养老联盟、其他养老机构建设和运营的信息中心），0.4%的养老机构使用了社区超市快递O2O（参见表4.11）。

表4.11　开展"互联网+"养老服务的技术手段

您所在的养老机构开展"互联网+"养老服务，主要是利用哪些技术手段？（可以多选）	数量	占比（%）
互联网站（指自己开设有网站）	52	23.1
信息呼叫中心	97	43.1
微信公众号	119	52.9
微信群	67	28.9
QQ群	46	20.4
手机App	28	12.4
GPS定位系统	73	32.4
内部信息网络系统（指自己开设的连通入住老年人、护理员、医生、管理人员等的信息网络系统）	50	22.2
第三方信息平台（如地方政府及民政、老龄办等主管部门，养老联盟和其他养老机构建设和运营的信息中心）	3	1.3
社区超市快递O2O	1	0.4
其他	—	—

使用"互联网+"养老服务信息沟通平台的人数，是反映养老机构"互联网+"技术手段使用效率的一个重要指标。建立了"互联网+"养老服务平台、系统或设施，如果没有真正运用到养老服务中，或者没有人使用，只能是一种摆设。但是，要精准统计一个养老机构建立的"互联网+"养老服务信

息沟通平台的使用人数却是很困难的，尤其是像互联网站的使用人数更加难以统计，因而，许多养老机构无法提供自己所建立的"互联网+"养老服务信息沟通平台的使用人数，比如52家开设了互联网站的养老机构，只有4家提供了网站的使用人数，实际上也是一个大致的估计数。从调查结果的均值这一统计指标来看，微信公众号的平均使用人数是最多的，达1 179人；网站的平均使用人数大约为764人，居第二位；手机App的平均使用人数约为254人，居第三位；员工与家属QQ群、员工与家属微信群、信息呼叫系统、员工微信群、员工QQ群的平均使用人数，分别约为173人、160人、136人、130人、60人（参见表4.12）。要说明的是，第一，许多养老机构没有对其设立的信息沟通平台使用人数进行精准的统计，事实上也很难精准统计，因而上述统计数据只能是一个大致的参考。第二，因为信息沟通平台的性质和覆盖的范围存在很大的差异，因而不能做出使用人数多使用效率就高、使用人数少使用效率就低的判断。要更加准确地评判信息沟通平台的使用效率，必须结合信息量、信息的有用性、信息的流通量等进行评估，而这却是一项更为复杂的工程。

表4.12　　　　养老机构使用有关信息沟通平台的人数

信息平台	样本数	均值	中值	众数	标准差	极小值	极大值
微信公众号	60	1 197.3	100.0	50	6 214.2	5	47 450
员工微信群	115	129.3	25.0	8	749.8	3	8 000
员工QQ群	53	59.7	23.0	20	85.6	4	400
员工与家属微信群	77	159.8	88.0	50	215.3	5	1 000
员工与家属QQ群	25	172.8	83.0	50	244.7	7	800
手机App	10	254.3	175.0	200	307.3	7	900
信息呼叫系统	19	136.0	60.0	20	194.0	5	750
网站	4	763.6	22.5	10	1 490.8	10	3 000
其他	—	—	—	—	—	—	—

（四）开展"互联网+"养老服务的投入

开展"互联网+"养老服务，必要的投入是不可缺少的，其中最主要的是资金和人力的投入。本次调查中，有42家养老机构提供了资金投入的具体数据，61家养老机构提供了人员配备的具体情况。一些开展了"互联网+"养老服务的养老机构，由于各种原因，比如负责"互联网+"养老服务的人员实际上是兼职而不是专职的，资金的投入难以划分等，因而没有提供准确的数据。我们只能对提供相对精确数据的这部分养老机构进行分析。

从提供"互联网+"养老服务资金投入数据的42家养老机构来看，资金投入在10万元以下的有24家，占57.1%；10万~100万元的有12家，占28.6%，100万元以上的有6家，占14.3%。均值为136.5万元，中值为5.5万元，众数为2万元（参见表4.13）。从平均投入的资金量看，这些养老机构投入"互联网+"养老服务的资金不少，但是，实际上主要是受极大值的影响，一家开办于2011年之后、位于西部地区某城市近郊区的公建民营养老机构，投入"互联网+"养老服务的资金高达2 000万元，这对平均投入水平的提高产生了重大影响。绝大多数的养老机构投入"互联网+"养老服务的资金都在10万元以下，其中又以1万~5万元的为多。可以说，不同的养老机构在"互联网+"养老服务的资金投入方面，存在相当大的差异。

表4.13　开展"互联网+"养老服务投入的资金和专门人员

投入的人力和财力	样本数	均值	中值	众数	标准差	极小值	极大值
资金（万元）	42	136.5	5.5	2	391.4	1	2 000
人员（人）	61	3.3	2.0	2	4.4	1	20

对不同性质、开办时间、所在地区和规模的养老机构的进一步分析，养老机构在"互联网+"养老服务资金投入方面存在明显的差异。从不同性质的养老机构看，投入在100万元以上的养老机构总计有6家，其中城镇公建民营养老机构占了4家，民办养老机构占2家，分别占这两类养老机构的57.1%和5.9%；12家投入在10万~100万元的养老机构，城镇公建民营养老机构和民办养老机构分别占1家和11家。从开办时间来看，投入在100万元以上的6家养老机构，全部是2011年以后才开办的；12家投入在10万~100万元的养老机构，2001—2010年和2011年及以后开办的养老机构则各占6家；2000年前开办的养老机构，投入都在10万元以下。从所在地区看，投入在100万元以上的6家养老机构，西部地区占了4家，东部地区和中部地区各一家；但是，投入10万~100万元的12家养老机构，东部地区占了9家，中部地区和西部地区分别为1家和2家。从养老机构规模看，投入100万元以上的6家养老机构，201张床位以上和151~200张床位的养老机构分别占4家和2家；投入10万~100万元的12家养老机构，则除10床以下规模的养老机构外，其他规模组别的养老机构都有分布，其中51~100床、151~200床和201

床及以上规模的养老机构各占3家（参见表4.14）。总体来看，城镇公建民营养老机构、2011年及以后开办的养老机构、东部地区养老机构和201张床位及以上的养老机构，在"互联网+"养老服务的资金投入上更多一些。

表4.14 开展"互联网+"养老服务的投入与养老机构性质等的交叉分析

养老机构的基本情况		机构数	开展"互联网+"养老服务的投入					
			10万元以下		10万~100万元		100万元以上	
			数量	占比（%）	数量	占比（%）	数量	占比（%）
机构性质	城镇公办公营	—	—	—	—	—	—	—
	城镇公建民营	7	2	28.6	1	14.3	4	57.1
	农村五保	1	1	100.0	—	—	—	—
	民办	34	21	61.8	11	32.4	2	5.9
	其他	—	—	—	—	—	—	—
开办时间	2000年前	3	3	100.0	—	—	—	—
	2001—2010年	14	8	57.1	6	42.9	—	—
	2011年及以后	25	13	52.0	6	24.0	6	24.0
地区	东部地区	26	16	61.5	9	34.6	1	3.8
	中部地区	7	5	71.4	1	14.3	1	14.3
	西部地区	9	3	33.3	2	22.2	4	44.4
养老机构规模	10床以下	—	—	—	—	—	—	—
	11~50床	5	4	80.0	1	20.0	—	—
	51~100床	7	4	57.1	3	42.9	—	—
	101~150床	5	3	60.0	2	40.0	—	—
	151~200床	12	7	58.3	3	25.0	2	16.7
	201床及以上	13	6	46.2	3	23.1	4	30.8

人力的投入是养老机构"互联网+"养老服务投入的另一个重要方面。在所调查的225家养老机构中，有61家配备了专门负责"互联网+"养老服务人员，占27.1%（参见表4.15）。

表4.15 配备专门负责"互联网+"养老服务人员的情况

人员配备情况	数量	占比（%）
有	61	27.1
没有	73	32.4
未回答	91	40.4

从配备的人数看，配备1人、2人、3人、5人、6人、8人、10人、15人、18人和20人的养老机构，分别为21家、25家、5家、1家、3家、1家、1家、1家、1家和2家，分别占配备有专门负责"互联网+"养老服务专门人员的61家养老机构的34.4%、41.0%、8.2%、1.6%、4.9%、1.6%、1.6%、1.6%、1.6%和3.3%。超过75%的养老机构配备负责"互联网+"养老服务专门人员都在1~2人。配备人员最多的为20人，配备人员最少的为1人，均值为3.3人，中值为2.0人（参见表4.13）。

对不同性质、开办时间、所在地区和规模的养老机构的进一步分析发现，养老机构在"互联网+"养老服务专门人员的投入方面也存在差异。从机构性质看，城镇公建民营养老机构、民办养老机构、城镇公办公营养老机构配备有专门人员的比重分别为47.8%、46.4%和45.5%，配备有"互联网+"养老服务专门人员的城镇公建民营养老机构所占比重稍高，农村五保老年人集中供养机构则都没有配备"互联网+"养老服务专门人员。从开办时间看，2000年及以前、2001—2010年和2011年及以后开办的养老机构，配备有"互联网+"养老服务专门人员的比例，都在45.5%左右，差别不大（参见表4.16）。

表4.16　　　　是否配备"互联网+"养老服务人员
与养老机构性质等的交叉分析

养老机构的基本情况		机构数	是否配备了"互联网+"养老服务人员			
			有		没有	
			数量	占比（%）	数量	占比（%）
机构性质	城镇公办公营	11	5	45.5	6	54.5
	城镇公建民营	23	11	47.8	12	52.2
	农村五保	3	—	—	3	100.0
	民办	97	45	46.4	52	53.6
	其他	—	—	—	—	—
开办时间	2000年前	11	5	45.5	6	54.5
	2001—2010年	46	21	45.7	25	54.3
	2011年及以后	77	35	45.5	42	54.5
地区	东部地区	84	43	51.2	41	48.8
	中部地区	19	9	47.4	10	52.6
	西部地区	31	9	29.0	22	71.0

续表

养老机构的基本情况		机构数	是否配备了"互联网+"养老服务人员			
			有		没有	
			数量	占比（%）	数量	占比（%）
养老机构规模	10床以下	—	—	—	—	—
	11~50床	10	5	50.0	5	50.0
	51~100床	32	11	34.4	21	65.6
	101~150床	18	9	50.0	9	50.0
	151~200床	24	9	37.5	15	62.5
	201床及以上	46	25	54.3	21	45.7

从所在地区看，东部地区、中部地区和西部地区养老机构配备有"互联网+"养老服务专门人员的比例，分别为51.2%、47.4%和29.0%，呈一种明显的梯度递减现象，东部地区养老机构配备有"互联网+"养老服务专门人员的比例远远高于西部地区。

从养老机构的规模看，拥有201张床位以上的养老机构配备有专门人员的所占比例最高，达54.3%，拥有11~50张和101~150张床位的养老机构配备有专门人员的养老机构所占比例次之。总体上看，城镇公建民营养老机构、东部地区养老机构、拥有201张及以上床位的养老机构配备有专门人员的所占比例相对高一些。

投入，不论是资金投入还是人员投入，总是要考虑回报的，要考虑投入产出之比。要准确测算养老机构在"互联网+"养老服务方面资金和人员投入与产出之比是困难的，从养老机构对资金和人员投入的价值所做出的判断，大致可以反映这一总体情况。在回答"您认为，您所在的养老机构在'互联网+'养老服务方面的投入"（值不值得）时，44.4%的被调查者回答"很值得"，17.8%的被调查者回答"目前看不出值不值"，只有0.4的被调查者认为"不值得"（参见表4.17）。总体来说，被调查者对养老机构在"互联网+"养老服务方面的投入是持肯定态度的，认为是有价值的，是值得的。

（五）开展"互联网+"养老服务的成效

养老机构虽然开展"互联网+"养老服务的时间普遍不长，如前所述，除个别机构投入的财力和人员比较大以外，同院舍等硬件基础设施建设的巨大投入相比，大多数养老机构投入"互联网+"养老服务的财力和人员并不算太

表4.17　"互联网+"养老服务投入的评价

评价	数量	占比（%）
很值得	100	44.4
目前看不出值不值	40	17.8
不值得	1	0.4
未回答	84	37.3

大，但是，通过调查发现，养老机构对开展"互联网+"养老服务的成效是充分肯定的，获得了一致好评（参见表4.18）。其中，处于第一档次的成效是"扩大了机构的社会影响，提高了机构的声誉"和"提高了养老服务的效率"，分别获得48.4%和45.8%的被调查者肯定，分别居第一位和第二位。处于第二档次的是"把本机构的养老服务延伸到居家养老的老人家庭，扩展养老服务的业务"和"通过互联网和信息网络平台等与医院对接，为入住老人开通就医绿色通道"，分别获得24.0%和22.7%的被调查者的肯定，分别居第三位和第四位。处于第三档次的依次是"通过互联网和信息网络平台等与政府机构的对接，加强了同政府相关部门的联系""更充分地运用其他社会养老服务机构、养老服务企业的资源，实现资源共享""把本机构的养老服务与所在社区开展的养老服务实现对接，为社区养老提供服务""通过互联网和信息网络平台与高校、其他社会组织的对接，适时发布志愿者需求信息，可以更有针对性地开展志愿服务"和"通过互联网和信息网络平台等与居家老人对接，开展居家老人健康管理服务"，分别占被调查者总数的18.2%、16.4%、15.6%、15.1%和13.3%。

表4.18　开展"互联网+"养老服务的主要成效（可以多选）

主要成效	数量	占比（%）
提高了养老服务的效率	103	45.8
扩大了机构的社会影响，提高了机构的声誉	109	48.4
把本机构的养老服务延伸到居家养老的老人家庭，扩展养老服务的业务	54	24.0
把本机构的养老服务与所在社区开展的养老服务实现对接，为社区养老提供服务	35	15.6
通过互联网和信息网络平台等与医院对接，为入住老人开通就医绿色通道	51	22.7

续表

主要成效	数量	占比（%）
通过互联网和信息网络平台等与居家老人对接，开展居家老人健康管理服务	30	13.3
通过互联网和信息网络平台等与政府机构的对接，加强了同政府相关部门的联系	41	18.2
通过互联网和信息网络平台与高校、其他社会组织的对接，适时发布志愿者需求信息，可以更有针对性地开展志愿服务	34	15.1
更充分地运用其他社会养老服务机构、养老服务企业的资源，实现资源共享	37	16.4
其他	—	—

从上述养老机构开展"互联网+"养老服务取得的成效看，大致分为四大类：一是服务于本养老机构内的养老服务，以扩大影响提高声誉和知名度，提高养老服务的水平和质量，包括"扩大了机构的社会影响，提高了机构的声誉""提高了养老服务的效率""通过互联网和信息网络平台等与医院对接，为入住老人开通就医绿色通道"。二是利用"互联网+"技术手段，拓展机构养老的服务领域，把机构养老服务延伸到社区和居民家庭，开展社区居家养老服务，包括"把本机构的养老服务延伸到居家养老的老人家庭，扩展养老服务的业务""把本机构的养老服务与所在社区开展的养老服务实现对接，为社区养老提供服务""通过互联网和信息网络平台等与居家老人对接，开展居家老人健康管理服务"。随着居家、社区和机构养老融合发展，许多养老机构将运营社区养老服务设施，上门为居家老年人提供服务，养老机构开展"互联网+"养老服务的这一成效会更加明显。三是利用"互联网+"技术手段，对接其他养老服务机构和企业，实现互通有无、资源共享，主要是"更充分地运用其他社会养老服务机构、养老服务企业的资源，实现资源共享"。四是通过"互联网+"技术手段和信息平台，加强与政府相关部门、其他社会组织的联系，包括"通过互联网和信息网络平台等与政府机构的对接，加强了同政府相关部门的联系"和"通过互联网和信息网络平台与高校、其他社会组织的对接，适时发布志愿者需求信息，可以更有针对性地开展志愿服务"。

（六）"互联网+"养老服务的未来发展

养老机构开展"互联网+"养老服务的未来发展，是我们课题研究很关注的一个问题。目前，多数养老机构并没有开展"互联网+"养老服务，实际上原因是多方面的。问卷中提出了"如果您所在的养老机构还没有开展'互联网+'养老服务，主要原因是什么"（可以多选）的问题，结果依次是："没有足够的资金投入"（18.7%）；"没有专门的人才"（16.9%）；"没有技术"（12.0%）；"集中力量办好实体机构养老服务"（11.1%）；"本养老机构规模小，没有必要搞'互联网+'养老"（4.4%）；"其他"（0.9%）；"'互联网+'养老徒有虚名，是一个'噱头'"（0.4%）（参见表4.19）。

表 4.19　没有开展"互联网+"养老服务的原因（可以多选）

原因	数量	占比（%）
集中力量办好实体机构养老服务	25	11.1
没有专门的人才	38	16.9
没有足够的资金投入	42	18.7
没有技术	27	12.0
本养老机构规模小，没有必要搞"互联网+"养老	10	4.4
"互联网+"养老徒有虚名，是一个"噱头"	1	0.4
其他	2	0.9

这些方面的原因，除"其他"外，大致可以分为三大类：一是认识或理念方面的原因，即"'互联网+'养老徒有虚名，是一个'噱头'"和"集中力量办好实体机构养老服务"。持"'互联网+'养老徒有虚名，是一个'噱头'"这种认识或理念的养老机构及其负责人不多。随着"互联网+"在养老服务领域的运用及其取得越来越大成效的推动和示范引领，这种认识或理念肯定会得以改变。"集中力量办好实体机构养老服务"则本无可厚非，但办好实体养老机构与运用互联网技术手段并没有矛盾，运用"互联网+"技术手段可以有效地降低实体养老机构的运营成本，提高效率，提高质量和水平。二是被调查的一部分养老机构自身的特殊性，如"本养老机构规模小，没有必要搞'互联网+'养老"。确实，一些小微型养老机构，床位很少，入住的老人也不多，开展"互联网+"养老不仅成本很高，而且也没有太大的必要。三是条件不具备，主要是"没有足够的资金投入""没有专门的人才""没有技术"。也就是说，资金、人才和技术，成了许多养老机构开展"互联网+"养老服务的现实障碍。

养老机构今后是否会开展"互联网+"养老服务，是我们课题研究关注的另一个问题。调查发现,在回答"您所在的养老机构在开展'互联网+'养老服务方面有什么打算"时,75.5%的被调查者回答"以后会开展",21.9%的被调查者回答要"看情况再决定",分别有1.4%的被调查者回答"以后也不会开展"和"其他"(参见表4.20)。

表4.20　　　　所在的养老机构今后开展"互联网+"
养老服务的打算(N=139)

今后的打算	数量	占比(%)
以后也不会开展	2	1.4
以后会开展	105	75.5
看情况再决定	30	21.9
其他	2	1.4

超过3/4的养老机构今后会开展"互联网+"养老服务。随着前述限制养老机构开展"互联网+"养老服务的资金、技术、人才等瓶颈问题的解决,以及已经开展"互联网+"养老服务的养老机构的示范带动,"看情况再决定"的养老机构中也会有相当一部分加入"互联网+"养老服务中来。从这两者看,"互联网+"养老服务将会有一个更大的发展。

从养老机构是否已经开展了"互联网+"养老服务与今后是否会开展两者的交叉分析中可以发现,无论是确认已经开展还是说不好(对自己开展的养老服务属于不属于"互联网+"养老服务拿捏不准)的养老机构,都没有今后也不会开展"互联网+"养老服务的,只有2.0%目前还没有开展"互联网+"养老服务的被调查者明确表示今后也不会开展。从已经开展了"互联网+"养老服务的养老机构看,以后会继续开展的占84.8%,但也有12.1%的被调查者出现了动摇,表示要"看情况再决定";从目前还没有开展"互联网+"养老服务的养老机构看,71.6%的被调查者表示以后会开展,25.5%的被调查者要"看情况再决定";从目前说不好自己所在养老机构是否已经开展了"互联网+"养老服务的养老机构看,都明确表示今后会开展(参见表4.21)。总体来看,同还没有开展"互联网+"养老服务的养老机构相比,已经开展了"互联网+"养老服务的养老机构,今后会开展"互联网+"养老服务的意愿更强可能性更大一些。

我们还试图探讨一下不同性质、开办时间、所在地区以及不同规模的养老机构,对今后开展"互联网+"养老服务的打算和意愿,是否存在明显的差

表 4.21　养老机构是否开展了"互联网+"养老服务
与今后的打算交互分析（N=139）

是否开展了"互联网+"养老服务	以后也不会		以后会开展		看情况决定		其他	
	数量	占比（%）	数量	占比（%）	数量	占比（%）	数量	占比（%）
是	0	0.0	28	84.8	4	12.1	1	3.0
否	2	2.0	73	71.6	26	25.5	1	1.0
说不好	0	0.0	4	100.0	0	0.0	0	0.0

异。地区之间的差别不大，今后会开展"互联网+"养老服务的养老机构都占75%左右（参见表4.22）。10张以下床位的养老机构样本量太小，不便分析。其他不同规模的养老机构与今后会开展"互联网+"养老服务所占的比例，没有什么对应关系，50张床位以上各养老机构组别，都在70%以上，但51～100张床位的养老机构高达86.7%，其原因需要更多的实证调查才能解释。从开办时间来看，尽管今后会开展"互联网+"养老服务的被调查者所占比例都在72%以上，但2011年及以后开办的养老机构今后会开展"互联网+"养老服务的养老机构所占比例恰恰是最低的，要"看情况再决定"的比例却最高；相反，2001—2010年开办的养老机构，今后会开展"互联网+"养老服务的养老机构所占比例最高，要"看情况再决定"的比例最低。这也是需要通过其他相关研究才能进一步解释清楚的。从养老机构的性质看，城镇公办公营和农村五保老人集中供养养老机构今后会开展"互联网+"养老服务所占的比例最高，民办养老机构次之，城镇公建民营养老机构最低。总体上看，城镇公办公营养老机构、2001—2010年开办的养老机构，今后开展"互联网+"养老服务的愿意更强一些。

表 4.22　今后是否会开展"互联网+"养老服务
与养老机构性质等的交叉分析

养老机构的基本情况		机构数	今后是否会开展"互联网+"养老服务					
			不会		会		看情况再决定	
			数量	占比（%）	数量	占比（%）	数量	占比（%）
机构性质	城镇公办公营	12	—	—	12	100.0	—	—
	城镇公建民营	22	—	—	15	68.2	7	31.8
	农村五保	3	—	—	3	100.0	—	—
	民办	101	2	2.0	75	74.3	24	23.8
	其他	1	—	—	—	—	1	100.0

续表

养老机构的基本情况		机构数	今后是否会开展"互联网+"养老服务					
			不会		会		看情况再决定	
			数量	占比（%）	数量	占比（%）	数量	占比（%）
开办时间	2000年前	12	1	8.3	9	75.0	2	16.7
	2001—2010年	45	1	2.2	37	82.2	7	15.5
	2011年及以后	82	—	—	59	72.0	23	28.0
地区	东部地区	84			63	75.0	21	25.0
	中部地区	21	2	9.5	16	76.2	3	14.3
	西部地区	34			26	76.5	8	23.5
养老机构规模	10床以下	1			1	100.0	—	—
	11~50床	14			9	64.3	5	35.7
	51~100床	30	1	3.3	26	86.7	3	10.0
	101~150床	24			17	70.8	7	29.2
	151~200床	23			18	78.3	5	21.7
	201床以上	43	1	2.3	31	72.1	11	25.6

四、本章小结

1. 对养老服务供给问题的现有研究，包括养老服务的一般性供给（供给主体、供给内容与供给方式等）和"互联网+"养老服务供给两个方面。养老服务供给问题，涉及供给的主体、供给的方式、供给的资源和内容，以及政策供给等方面。学术界对这些方面都有研究，但研究得最多的还是供给主体的职责划分问题，且多数都是基于政策文本的解读展开的。"互联网+"养老服务供给与传统的养老服务供给相比，具有独特的优势，尤其是能够为供需双方、供给各方搭建起更加便捷的信息沟通渠道，有助于解决供需失衡问题。"互联网+"养老服务供给作为养老服务供给的一种新方式，既可以是传统养老服务机构和企业通过升级改造而形成新的"互联网+"养老服务供给方，也可以是通过养老机构、社区、居家养老服务中心运用"互联网+"技术手段开展养老服务，还可以是互联网运营机构运用自己的网络信息平台开展养老服务。学术界的研究关注到了"互联网+"养老服务供给的多样化，但现有的研究基本上都是从学理上进行分析，很少基于实证调查数据对某一种供给方式或供给主体进行深入的探讨。

2. 养老服务的供给是多元的，既有政府的政策、财政、土地等供给，又有社区、养老服务机构和企业、社会组织等的服务供给，还有互联网平台的信息和知识等供给，以及医疗机构的医疗康复保健等供给。无疑，在这些所有供给主体中，养老服务机构是把"互联网+"运用于养老服务、在养老服务中主动运用互联网技术手段以提升服务水平和质量的一个最重要的主体。因而，本书选取养老服务机构这一主体，试图通过解剖这一"麻雀"，以了解和分析"互联网+"养老服务供给的一般情况。

3. 早期的养老机构提供的服务，基本上就是普通的入住服务（提供养老床位、餐饮和必要的医疗服务）。随着养老服务的拓展和医养结合的推进，特别是为满足老年人康复服务和日间照料的需要，发展了一批护理院、临终关怀机构和日间照料中心、短期托养机构。随着"互联网+"在养老服务领域的应用和推广，又出现了一批"互联网+"养老服务网络运营商和信息中心。现在，许多养老机构提供的服务已经不再是单一的，而是多样化的。以"互联网+"养老服务为主营业务的养老机构，占到了所调查的养老机构总数的7%，这至少说明"互联网+"已经在我国养老服务发展中得到了越来越多、越来越广泛的运用。

4. 养老机构开展"互联网+"养老服务，除极少数机构单独建立互联网网络平台提供面向社会的服务外，多数仅仅是运用互联网技术手段升级改造传统的养老服务机构，在养老服务中更多地运用互联网技术手段以提高服务的水平和质量，比如建立联结入住老人、护理人员、管理人员、医生等相关人员的信息呼叫中心，有的信息呼叫中心还能够联通周边居家养老的老年人以便开展上门服务；建立与医疗机构、养老服务加盟商、社会公益组织、政府相关部门等的信息网络平台，加强与有关各方的信息联系，等等。毕竟"互联网+"养老服务开展的时间并不长，不同养老机构开展"互联网+"养老服务的具体情况千差万别，甚至对自己机构是否开展了"互联网+"养老服务的认知也还相当模糊。

5. 如何判断或评价"互联网+"养老服务机构，目前学术界并没有进行过全面的研究，更谈不上提出有价值的具有可操作性的标准体系，国家也没有出台相应的标准。目前学术界和实务界对"互联网+"养老服务的理解、认识，存在很大的分歧，要形成共识很不容易，而这又很重要。只有明确"互联网+"养老服务机构的评价标准，才能清晰地判断一个养老服务机构、社区、企业是不是真正从事"互联网+"养老服务。形成共识的"互联网+"养老服务机构的评价标准，是开展相关课题研究和进行学术对话最重要的平台，也是通过学术研究真正提出为"互联网+"养老服务实务机构提供可资借鉴、改进工作、提升服务质量的可操作性建议的重要前提。

6. 我国"互联网+"养老服务开展的时间不长，且并非所有的养老机构都开展了"互联网+"养老服务。"互联网+"养老服务作为一种新生事物，作为一种新技术新手段在养老服务领域的运用，实际上是最近几年随着国家"互联网+"行动的推进逐步展开的，而且开展也是不均衡的。许多新建的养老机构正好赶上了"互联网+"行动这一良机，从一开始就比较重视和引入"互联网+"技术手段开展养老服务，开办时间早的养老机构也是近年来才开始引入"互联网+"技术手段进行升级改造，开展相应的"互联网+"养老服务的。

7. 养老机构开展"互联网+"养老服务的具体内容或项目，是多种多样的。通过机构内信息呼叫系统为入住老年人提供便捷服务，通过自己开设的网站和信息系统建立养老机构与入住老年人家属联系这两项"互联网+"养老服务，是服务于本机构，用于提升本机构养老服务和管理的水平、质量；搭建居家养老老年人与本机构的信息呼叫系统为居家养老老年人提供上门服务，利用本机构开设的信息网络系统开展居家养老老年人的健康管理，搭建居家养老老年人与其他养老服务机构、服务加盟商的信息交流系统，利用本机构开设的信息网络系统为居家养老的老年人提供远程医疗这三项"互联网+"养老服务的开展，则把本机构的养老服务延伸到居家养老服务领域，为这些养老机构开展居家养老服务提供了新的平台；发布本养老机构信息这一"互联网+"养老服务的开展，则兼具服务机构自身和服务居家养老双重作用。

8. 养老机构开展"互联网+"养老服务，既可以是机构本身独立开展，也可以是同其他机构合作开展，而其他合作机构又是各种各样的。"互联网+"养老服务并不能取代传统的养老服务机构、居家养老服务中心和社区养老，主要是运用互联网技术手段对其改造升级。养老机构可以运用的"互联网+"技术手段又是多种多样的，但目前学界和业界对"互联网+"技术手段所涵盖的具体内容还没有形成共识，比如微信和微信群是否属于"互联网+"技术手段的范畴等。

9. 开展"互联网+"养老服务，必要的投入是不可缺少的，其中最主要的是资金和人力的投入。总体来说，被调查者对养老机构在"互联网+"养老服务方面的投入是持肯定态度的，认为是有价值的，是值得的。养老机构开展"互联网+"养老服务的未来发展，是本书很关注的一个问题。目前，多数养老机构并没有开展"互联网+"养老服务，实际上原因是多方面的。资金、人才和技术，正是许多养老机构开展"互联网+"养老服务的现实障碍和瓶颈。随着限制养老机构开展"互联网+"养老服务的资金、技术、人才等瓶颈问题的解决，"互联网+"养老服务将会迎来更大的发展。

第五章

"互联网+"养老服务的实现路径
——基于地方实践和案例的分析

互联网运用于养老服务社会化的具体路径是多种多样的。既然"互联网+"运用于养老服务社会化的具体路径不同,不同类型的"互联网+"养老服务机构、社区、居家养老服务中心和企业必须遵循各自的发展规律,但同一类型的"互联网+"养老服务也必须有大致相同的运营程序、方式、服务规范和标准。"互联网+"养老服务并不能取代传统的养老服务机构、居家养老服务中心和社区养老,主要是运用互联网技术手段对其改造升级。实际上,促进"互联网+"养老服务的健康和可持续发展,重点是要适应老年人多层次、多方面的需求,培育和整合养老服务供给商或加盟商,加快养老服务供给侧结构性改革。

一、国家政策引领与地方探索

随着"互联网+"的发展,在经济、社会、政治、文化以至军事等各个领域得到了广泛运用。因应我国经济发展进入新常态的总体特征,2015年3月5日,李克强总理在当年的政府工作报告中首先提出了"制订'互联网+'行动计划",强调要推动移动互联网、云计算、大数据、物联网等与现代制造业结合,促进电子商务、工业互联网和互联网金融健康发展,引导互联网企业拓展国际市场。这标志着"互联网+"正式成为国家重点支持的领域和方向,为制定和实施国家"互联网+"总体部署做出了战略安排。不到4个月之后的同年7月4日,《国务院关于积极推进"互联网+"行动的指导意见》(以下简称"40号文")正式发布,对推动"互联网+"做出了顶层设计和总体部署。自"40号文"发布后,国家又陆续发布了一系列有关完善网络基础、市场环境、政务服务、金融和流通等政策文件。各部委发布的推动"互联网+"在智慧能源、绿色生态、物流、人工智能、协同制造、医疗、养老等领域的应用的相关文件,以及各个地方根据自身特点制订的贯彻落实"互联网+"行动计划的相关意见和行动方案,则推动了我国"互联网+"行动在各领域、各地方的落地实施。

虽然"40号文"是对推动"互联网+"做出的顶层设计和总体部署,但对"互联网+"在养老服务领域的运用也提出了明确要求:"依托现有互联网资源和社会力量,以社区为基础,搭建养老信息服务网络平台,提供护理看护、健康管理、康复照料等居家养老服务。鼓励养老服务机构应用基于移动互联网的便携式体检、紧急呼叫监控等设备,提高养老服务水平。"概括地讲,一是搭建社区居家养老服务信息平台,更好地开展居家养老服务;二是养老机构运用移动互联网提高养老服务水平。

为推动"互联网+"与养老服务的深度整合和创新发展,国务院及有关部委在一系列政策文件中对把"互联网+"运用于养老服务做出了一系列部署和规划。早在2013年9月6日国务院发布的《关于加快发展养老服务业的若干意见》中就明确提出:"发展居家网络信息服务。地方政府要支持企业和机构运用互联网、物联网等技术手段创新居家养老服务模式,发展老年电子商务,建设居家服务网络平台,提供紧急呼叫、家政预约、健康咨询、物品代购、服务缴费等适合老年人的服务项目。"这一文件还没有明确提出"互联网+"的概念,而且对"互联网+"在养老服务中的运用也局限于居家养老。

2016年12月7日国务院办公厅发布《关于全面放开养老服务市场提升养老服务质量的若干意见》,明确提出要推进"互联网+"养老服务创新,"发展智慧养老服务新业态"。该文件重点强调了三个方面:一是"开发和运用智能硬件,推动移动互联网、云计算、物联网、大数据等与养老服务业结合,创新居家养老服务模式,重点推进老年人健康管理、紧急救援、精神慰藉、服务预约、物品代购等服务,开发更加多元、精准的私人定制服务";二是"支持适合老年人的智能化产品、健康监测可穿戴设备、健康养老移动应用软件(App)等设计开发""支持企业利用新技术、新工艺、新材料和新装备开发为老年人服务的产品用品,研发老年人乐于接受和方便使用的智能科技产品";三是"打通养老服务信息共享渠道,推进社区综合服务信息平台与户籍、医疗、社会保障等信息资源对接,促进养老服务公共信息资源向各类养老服务机构开放"。

2019年3月29日国务院办公厅发布的《关于推进养老服务发展的意见》提出"实施'互联网+养老'行动",这是首次在国家政策文件中明确提出"互联网+养老"行动。该文件部署了持续推动智慧健康养老产业发展,拓展信息技术在养老领域的应用的主要工作和任务:一是"制定智慧健康养老产品及服务推广目录,开展智慧健康养老应用试点示范";二是"促进人工智能、物联网、云计算、大数据等新一代信息技术和智能硬件等产品在养老服务领域深度应用";三是推广物联网和远程智能安防监控技术,"在全国建设一批'智慧养老院'",降低老年人意外风险,改善服务体验;四是"运用互联网和生物识别技术,探索建立老年人补贴远程申报审核机制";五是"加快建设国家养老服务管理信息系统,推进与户籍、医疗、社会保险、社会救助等信息资源对接";六是"加强老年人身份、生物识别等信息安全保护"。

自国家相关政策文件下发后,各地结合当地实际,积极探索"互联网+"与养老服务深度融合的具体途径、方式和方法,推动人工智能、物联网、云计算、大数据等新一代信息技术和智能硬件等产品在养老服务领域的深度应用。

2017年8月,山东省出台了《关于贯彻国办发〔2016〕91号文件全面放开养老服务市场提升养老服务质量的实施意见》,正式启动"互联网+养老"建设项目,建设推广全省统一的养老管理平台、养老服务平台和山东养老服务信息网,打造融合政府管理、服务提供、资源推介、信息宣传多种功能为一体的信息平台。山东省从四个方面深入推进"互联网+养老":一是加快全省"两台一网"(养老管理平台、养老服务平台和养老服务信息网)推广应用,形成全省养老服务大数据;二是发挥12349养老服务信息平台作用,建立老年人需求和投诉平台;三是建立养老项目网上审批公示制度,规范和优化审批流程,提高服务质量和效率;四是整合现有户籍、医疗、社会保障等信息资源,建设统一规范、互联互通的养老服务信息共享系统,实现个人、家庭、社区、机构与养老服务资源的有效对接。

二、"互联网+"在养老服务中的具体运用

"互联网+"养老服务并不能取代传统的养老服务机构、居家养老服务中

心和社区养老,主要是运用互联网技术手段对其改造升级。"互联网+养老服务",并不是两者的简单相加,而是两者的深度融合,把互联网技术手段与机构养老、社区养老、居家养老有机结合,在机构养老、社区养老、居家养老中充分运用互联网思维、互联网技术和手段,打造出新养老服务新业态。近年来出现的乌镇智慧养老综合服务平台、曜阳互联网养老院、厦门市市民养老服务中心等,就是"互联网+"在养老服务中具体运用的几个典型案例。

(一)乌镇智慧养老综合服务平台①

乌镇是世界互联网大会的永久会址,也是中国首家"互联网+"养老服务平台的诞生地。2015年年底,"乌镇智慧养老综合服务平台"在乌镇居家养老照料中心建成,随即参加了互联网大会的展出。大会期间,习近平通过网络摄像头与两公里外的乌镇居家养老照料中心的老年人们进行了一场隔空"会面",习近平祝福老年人们健康长寿。

在乌镇镇政府提出"互联网+养老"的创新模式下,乌镇居家养老照料中心引进日本的照护服务管理系统和技术,运用互联网、物联网和云技术,开创了"线上+线下"的居家养老新模式。

"乌镇智慧养老综合服务平台"主要分为线上和线下两个部分。

线上平台即日立老年服务交互系统,通过在老年人家中安装"智能居家照护设备""远程健康照护设备""SOS 呼叫跌到与报警定位"等设备,利用阿里云服务器、手机 App、微信等实现远程监控和管理。安装在老年人家中的紧急报警器和跌倒报警装置等智能设备,在老年人出现紧急情况时能通过红外系统有所感应并报警,家人和社区工作人员接到报警后可以在第一时间上门进行救助。比如老年人手腕上戴的智能手环,一旦发生摔倒等事故,老年人可以通过按动手环进行报警;如果门没有关好,门口的机器会发出警报;12 小时内房间里没有感应到人的走动,房间里的感应器会向后台发出警报,居家养老服务中心就会派人或者联系其子女上门查看,以防老年人出事故。在老年人家里安装的血压、血糖检测仪器,还会通过智能终端把检测数据实时传输到照料中心的网络后台,既可以作为看病时的参考数据,又时刻提醒

---

① 陈言. "互联网+养老"的乌镇试验 [J]. 瞭望东方周刊, 2016 (1);李方. 乌镇 "互联网+养老"成范本居家养老新模式 [N]. 中国科学报, 2016-4-28;郭扬. 乌镇开启智慧养老新模式 [EB/OL]. http://www.cac.gov.cn/2016-11/11/c_1119894059.htm;黄颖,李丹丹. 习近平 "隔空" 连线乌镇居家养老照料中心 [N]. 新京报, 2015-12-17.

着子女关心老年人的身体变化。

线下平台是乌镇的居家养老服务中心,该中心坐落在乌镇镇政府提供的一幢大楼里,使用面积达 2 000 平方米。中心通过评估老年人的生活自理能力、心理与情绪状况、家庭生活状态、社会交往情况等,把服务分为 7 个等级,可以根据老年人的实际情况定制服务套餐,满足个性化的生活照护需求。

乌镇在智慧养老综合服务平台基础上,进而发展为"乌镇智慧养老 2+2 新模式",通过线上的乌镇智慧养老综合服务平台、远程医疗服务平台和线下的居家养老照料中心、社区卫生服务站,以健康档案为核心,利用自动检测终端、健康管理 App、物联网智能居家设备,对老年人进行持续健康状况跟踪,记录进个人电子健康档案。

(二) 曜阳互联网养老院①

成立于 2019 年 3 月的曜阳互联网养老院,是中国红十字会总会事业发展中心和互联网医疗行业的领军者微医集团利用各自优势,为推进"互联网+养老服务",探索智能化养老发展路径,创新医养结合养老服务新模式而联合建立的一家互联网养老院。

从技术上讲,曜阳互联网养老院是借助移动互联网、云计算、大数据、物联网等信息技术,运用老年智能终端设备,以老年人、涉老服务机构、医疗机构等的数据为基础,以老年人健康管理为核心,为老年人提供全程连续、方便可及的养老服务。从功能上讲,曜阳互联网养老院将全面整合跨区域优质资源,为老年人和相关服务机构之间搭建供需平台,构建起以居家为基础,社区为依托,机构为补充,医养护相结合的地域化养老服务体系,实现养老服务供给侧结构性改革,同时加强"二级三边"(省级县级、周边身边床边)养老服务标准建设。

曜阳互联网养老院以加强养老机构医疗服务能力为入口,兼顾提升生活照料及精神文化类服务能力,帮助养老机构做大做强,同时不断拓展居家社区养老服务能力。曜阳互联网养老院的主要功能包括:一是生活类功能,通过智慧平台掌握老年人实际需求,形成老年人基本养老服务清单,同时科学匹配第三方机构,通过线上派单,组织第三方机构为老年人提供助餐、助浴、助洁等多种养老服务。平台同时具备评价功能,及时对第三方机构的服务进

---

① 资料来源:中国红十字会总会事业发展中心。

行评价。二是医疗类功能,包括:健康档案,通过智能终端采集老年人基础信息和真实数据,及线上医生健康指导建议,形成电子版健康档案;健康评估,利用智能评估系统及医生干预,自动给出老年人健康评估结果;健康管理,线上医生根据健康档案及评估结果,对老人健康进行长期、连续的健康管理服务;护理、康复指导,针对老年人身体情况,线上医生提供定制化护理、康复指导建议;远程监测,远程中心医生对智能终端数据进行实时监测与管理,及时给出干预指导建议;预约挂号,全国 2 700 家医疗机构线上预约挂号服务;远程问诊,每周 5 天、每天 8 小时全科医生线上问诊服务;专家服务,对接全国医疗专家定制服务。三是精神文化类功能,包括:旅居养老,利用互联网优势整合各地旅居养老资源;心理慰藉,通过线上心理专家为老年人提供心理慰藉服务;文体活动,主要形式有线上运动指导,云端文体竞赛;精神评估,线上心理医生远程精神评估,及时给出健康干预计划。

与国内同类平台相比,曜阳互联网养老院主要具有三个方面的特色和优势:一是医疗优势。曜阳互联网养老院依托于微医集团的互联网医疗资源优势,包括全国 1 900 家重点医院,6 700 位学科带头人,20 万名副主任以上的医师资源,以及远程心电、远程监护等多种专业医疗线上服务中心。二是健康管理优势。曜阳互联网养老院采用健康助理(管家)、责任医生负责制,能够实现以健康管理为核心、以信息化手段、全程连续地为老年人提供服务,彻底改变了传统医疗和养老服务管理过程中健康档案片段化的手工操作模式。三是规模优势。曜阳养老院拥有中国红十字会总会事业发展中心曜阳养老联盟旗下 5 000 家养老机构的资源,为精准匹配旅居养老、集中采购等服务内容提供了规模保障。

中国红十字会总会事业发展中心和微医公司联合成立曜阳互联网养老院的同时,大力弘扬"人道博爱奉献"的红十字精神,发起"捐助千院"行动。为全国 1 000 家养老机构(边远地区优先)免费提供曜阳互联网养老院系统和服务,免除首年全部及次年 50% 的系统运维费;利用互联网医疗资源优势,整合线上线下专家,为边远地区老年人免费进行线上问诊及线下义诊的公益活动。

互联网的发展和应用,为解决养老服务供需双方的信息不对称、供需相脱节问题,提供了前所未有的可能性和条件。通过互联网,可以把千千万万养老服务机构和企业、医院、社区、社会组织,以及政府提供的养老服务供给，同广大老年人多样化、多层次、个性化的养老服务需求有效地对接起来。对于这一点，学术界和政府相关部门已经形成共识。但是，真正要做这一件事，又是很不容易的。中国红十字会总会事业发展中心和互联网医疗行业的领军者微医集团，利用各自优势，强强联合，共同成立曜阳互联网养老院，共同推进"互联网+"养老服务。这不仅大大提升了所捐助的1 000家养老机构的养老服务水平和质量，对推进"互联网+"与养老服务的深度融合和创新发展，也将产生极大的示范效应。

曜阳互联网养老院的成立和运营，对政府加强养老服务行业的监管、提升所属养老机构的服务质量和水平、提升老年人养老服务的获得感、满意感和幸福感都具有一定的促进作用。

从政府加强对养老服务行业的监管来讲，通过曜阳互联网养老院建立的完整的老年人信息和养老服务数据库，可以实现养老对象和养老服务资源信息动态化管理，获得老年人连续完整的动态数据；通过对曜阳互联网养老院所属5 000家养老机构服务进行监管，可以引导建立服务标准，保障老年人权益，确保各类补助补贴落到实处；通过利用曜阳互联网养老院的大数据，可以为政府相关工作提供科学的决策依据，提高养老服务管理部门的工作效率。

曜阳互联网养老院提供在线全科医师、护理医师、康复医师、心理医师等专业人员，提升了养老院日常医护能力，有利于帮助养老院解决老人的日常慢病和用药管理问题；提供专家线上咨询、线下巡诊、绿通转诊等专业服务，有利于提升养老院的专科医疗能力；曜阳互联网养老院的社区养老服务系统，帮助养老机构提升延伸服务能力，有利于高龄老年人、空巢老年人、失能老年人（残疾老年人）更加便利地接受居家养老服务；帮助养老机构提升机构运营能力，提供医疗护理培训、评级风控管理培训，以及矛盾纠纷处置预案；帮助养老机构拓展服务内容、提升服务水平和管理水平、提高机构知名度，最终提高床位入住率，提升养老机构的经营收入。

从入住所属养老机构的老年人以及辐射服务的老年人来讲，通过健康助理或管家，为老年人提供便捷服务，使老年人充分享受互联网带来的便利；在健康评估的基础上，对自理型老年人、半失能老年人、失能老年人和患病老年人，分别提供分类、分阶段、个性化的全程连续健康管理服务；整合了跨区域的医疗、旅居、文化、适老用品、服务机构等资源，方便老年人得到适宜可及的养老服务；可以为更多老年人提供养老服务，完善了机构、社区、居家养老体系,切实给老年人带来获得感。

(三) 广州市"长者饭堂"

广州市老龄人口总量大、增长快,人口老龄化与高龄化、空巢化、家庭小型化"四化叠加"。截至2017年年底,全市老年人口已达到161.85万,占户籍人口的18%。"纯老家庭"人口达到24.14万,其中空巢老年人6.01万,独居老年人3.97万人,孤寡老年人1.66万。80岁及以上老年人口26.20万人。

2016年上半年,广州市民政局就居家和社区养老服务改革深入基层组织对老年人进行入户调查和访谈,调查统计发现,高达33.3%的居家老年人迫切需要助餐配餐服务,位居老年人需求首位,是老年人群体最迫切的需求。老人们希望通过助餐配餐服务,不仅将自己从繁杂的体力劳动中解放出来,而且可以拓展朋辈群体,加强与外界的沟通交流,摆脱寂寞感孤独感,提升晚年幸福指数。广州市紧紧抓住助餐配餐这个老年人最关心、最直接、最现实的利益问题,大力推动长者饭堂建设,以此为突破口带动社区居家养老服务发展。

广州市从2016年9月开始,广州市启动以老年人服务需求为导向深化社区居家养老服务供给侧结构性改革,在每个区选取2个街道(镇)开展社区居家养老服务"3+X"(即3个基本服务项目:助餐配餐、医养结合、家政服务,同时鼓励各区、街镇根据辖区实际选择若干项目试点)创新试点。通过3个月试点,2017年开始全面铺开以助餐配餐服务为抓手,在全市街道和有条件的镇、村(居)社区全面设置"长者饭堂"。截至2018年9月底,全市共有"长者饭堂"972个,实现了全市街(镇)、社区(村)全覆盖。"市中心城区10~15分钟、外围城区20~25分钟"的全覆盖服务网络基本形成。

广州市"长者饭堂"采取"企业让一点、政府补一点、慈善捐一点、个人掏一点"模式,政府搭台、企业和社会组织唱戏、社会各界多元参与,充分调动政府、企业、社会组织、慈善、家庭和个人等各方面的力量,变"独角戏"为"大合唱",共同办好"长者饭堂",营造共建共治共享助餐配餐服务格局。2017年,中央和广州市两级财政共下达1.53亿元统筹推进中央财政支持居家和社区养老服务改革试点和广州市社区居家养老服务"3+X"创新试点,重点构建全覆盖的社会化"大配餐"服务体系。市级资金每餐补贴就餐费用的四分之一,居住在本市的广州市户籍老年人均可享受。允许各区在确保可持续的前提下自筹资金适当提高补助标准、扩大补助类别。按照政府采购法的有关规定，产生助餐配餐服务供应商，将政府举办的"长者饭堂"委托企业和社会组织运营，鼓励和支持社会力量成为提供助餐配餐服务的主体。企业和社会组织通过规模化经营、有效的成本控制和合理的助餐补贴，促进"长者饭堂"服务专业化、市场化、规模化，找到企业保本赢利、财政可承受、老年人能负担的平衡点，实现可持续发展。目前长者饭堂社会力量运营占比高达88%。

在社区居家养老服务中，开展助餐配餐服务的不止广州市一地。广州市通过"长者饭堂"开展助餐配餐服务的一个特色，是广泛运用"互联网+"等技术手段以及流动餐车等方式，提升助餐配餐服务信息化、智能化、便捷化水平。上线运行市居家养老综合服务信息平台和助餐配餐服务App，在102个街镇、278个"长者饭堂"实现刷社保卡就餐，提升助餐配餐服务智能化、便捷化水平。

广州市"长者饭堂"建设所取得的成效，引发了国家、省和社会各界的高度关注和充分肯定。以助餐配餐服务为特色的中央财政支持居家和社区养老服务改革试点绩效考核被民政部、财政部评为优秀，全覆盖社会化"大配餐"服务体系项目被评为"2017年度中国十大民生决策奖"。广州市建立"长者饭堂"提升社区居家养老服务水平的做法正向全省推广。

（四）厦门市养老信息化平台①

厦门市市民养老服务中心是厦门市民政局主管的民办非企业单位。2015年4月成立，并在福建全省率先建成、投入使用厦门市养老信息化平台，承接和协助政府民政部门进行社会化养老服务。该中心从一成立，就定位于"互联网+养老"新模式，试图打造一座覆盖厦门全市的"没有围墙的智慧养老院"。

厦门市市民养老服务中心开展"互联网+养老"的主要做法：

一是搭建厦门市养老信息化平台。一方面，该平台建立了全市老年人养老服务需求大数据库，为全市29万多60周岁及以上的老年人建立基础信息，为8 800多名政府特定养老服务对象建立健康信息档案。同时，平台依托社区

---

① 资料来源：厦门市市民养老服务中心。参见张顺和. 厦推"互联网+养老"新模式 打造"智慧养老院"[N]. 海峡导报，2016-12-21；佚名. 厦门打造"互联网+养老"模式 开启智慧养老时代[J]. 信息系统工程，2016（8）：11.

助老员的入户巡访，不断完善、更新老年人的基本信息以及养老服务需求信息；通过连接智能健康终端、手机 App 等，实现对全市老年人信息的动态实时管理与更新。另一方面，该平台整合了全市各类养老服务资源，形成全市养老服务供应网络体系。平台通过对接、共享厦门市经信局的信息，建立起全市养老基础数据库。平台通过对接全市各类医疗机构，为老年人提供紧急救援、陪诊、体检、健康护理等医疗服务。目前，该平台已经形成比较齐备的养老服务信息功能，比如健康管理、紧急救援、生活服务等。厦门市市民养老服务中心还自主开发并开放了"i 欢孝"App。"i 欢孝"App 整合了各种市场化的养老服务资源，子女可以方便地在平台上像在淘宝购物一样，为年老的父母选购健康理疗、上门理发、送餐等多方面的服务，以及养老咨询等信息服务。

二是推出具备一键呼救功能，全天 24 小时提供不间断呼叫服务的养老服务专用号。在平台投入使用的同时，厦门在全省率先开通了"12349"养老服务专用号。"12349"热线与养老信息化平台连通，并与 120、110 以及社区医院等实现信息即时联动。老年人足不出户，只要按下养老终端设备的按钮，平台系统锁定老年人实时位置，根据老人的养老服务需求，安排社区助老员或各类加盟服务商直接承接服务。如果老年人出现意外跌倒、身体异常等危险情况，系统将自动报警定位，并与呼叫中心、社区助老员、老年人亲属、120 等实现联动紧急救援。平台还能够通过手机、智能腕表、跌倒报警器等设备实时、主动监测老年人身体情况，实现紧急救援"一键通"。

三是依托社区养老服务站，打造线上线下互联互动的养老"O2O"新模式，使养老服务信息化平台真正落地。厦门市市民养老服务中心负责运营分布于全市各个社区的居家养老服务站。服务站内不仅有健身器材，有血压测量、心率测量等基础医疗健康设施，而且配备了专门的助老员，为老年人提供护理、陪聊等各类关爱服务，并与养老服务专用号互动，形成 15 分钟社区养老服务圈。目前，厦门全市有社区居家养老服务站 369 个。养老信息化平台与社区居家养老服务站有效对接后，可以将信息化养老落地社区，为社区居家养老的老年人提供更精准的服务，解决线上与线下脱节，社区养老资源不足，服务不及时、不到位、不专业等问题，从而有效地提升了社区居家养老的质量。

（五）长沙市雨花区社区为老服务信息平台

湖南省长沙市雨花区社区为老服务信息平台于 2013 年建成并投入使用。

雨花区社区为老服务信息平台是国家老龄委在湖南省的首批试点项目之一，由雨花区按照"政府搭台、社会参与、市场运作、惠及百姓"的思路进行建设的为老服务实施工程，信息平台按照民办公助的模式建设、政府购买服务的形式运营。通过建设老年人呼叫服务系统，将老年人的服务需求与服务提供商进行有效对接，为老年人提供更加便捷、优质、低价的服务，即居家老年人只要通过拨打83912348或GPS定位器发出服务需求，就能享受到紧急救助、生活照料、医疗康复、精神慰藉、信息咨询等服务，从而以最小的建设成本覆盖最广人群，构建没有围墙的"虚拟养老院"。①

雨花区社区为老服务信息平台以"民办公助的形式建设，政府购买服务的形式运营，服务绩效与补贴挂钩"的建设和运营方案，面向社会公开招标，由雨花区康乐中标，康乐爱老服务中心投入平台建设210万元，政府补贴95万；政府为上门服务对象购买手机一台，每月补贴10元话费；政府按照6 000元/100人固定服务对象的标准拨付运营经费，信息平台完成绩效目标，还有10万~15万奖励经费。居家老年人只要通过一个电话发出服务需求，就能享受到紧急呼叫、生活照料和主动关怀等内容的居家养老服务。截至2014年年底，信息平台入网老年人5 000余人，服务加盟商188家，志愿者队伍1 771个（人），发放手机终端380部，主动关怀2.9万人次，上门服务7 050人次，紧急救援1人次，社会效果初显。②

（六）贵阳市曜阳养老服务中心

贵阳市曜阳养老服务中心（以下简称中心）是贵阳市人民政府支持中国红十字会总会事业发展中心在贵阳合作建立的医养结合养老服务示范项目，也是中国红十字会总会事业发展中心旗下"曜阳"养老公益品牌。2015年9月，经贵阳市民政局注册登记入住贵阳市乌当区阿栗村，投资8 000余万元，2016年9月初正式投入使用。中心下设曜阳养老公寓和曜阳中西医结合医院。公寓内设生活照料中心、养护中心、营养中心等。医院设中西医结合、康复理疗、急诊、ICU科室和民族医药等特色科室。中心不仅为老年群体提供生活照料、心理慰藉养老服务，而且提供全程的健康管理、医疗保健、康复护理、疾病诊治、临终关怀等"一站式"专业医疗保健服务。还联合省内

---

① 佚名. "雨花区社区为老服务信息平台"项目顺利通过验收［EB/OL］. http://blog.sina.com.cn/s/blog_dadeed6d0101ny7r.html.

② 青连斌. 求解中国养老难题［M］. 北京：中共中央党校出版社，2017：157.

7家三级医院和贵阳市14家具有一定规模的养老服务机构搭建医养联盟平台。

中心充分利用贵阳发展大数据产业、建设大数据基地、推进大数据应用实际提供的机遇，在老年公寓率先搭建了覆盖全国的医养平台——"元气医养"，整合全国800余家养老服务机构、医疗机构、家政机构、旅行目的地等资源，通过线上订单线下体验的方式，为老年人提供包括生活照料、健康管理、教育培训、精神慰藉、旅居服务等养老服务，做到覆盖老年人生活的各个领域，有效解决老年人居家养老无人陪伴、机构养老医疗差、看病难等诸多问题。

一是全院智能化。完整的标准化的流程。通过专业的养老机构管理平台，结合曜阳自身管理特点，个性化定制和相关的功能，形成了从咨询、参观、试住、评估、缴费、入住、照护执行、请假、转院到离院一套完整、规范化的线上管理流程。规范的评估照护全流程。通过入住评估，生成照护计划到后期的照护过程的执行，再调整评估和计划，最终形成一套适合老年人的个性化照护个案管理，医护人员、管理者、家属随时通过App能了解和参与到整个过程。院内管理平台支撑。对于院内的人、财、物的管理平台有很好的支撑，帮助曜阳养老服务中心建立一套员工绩效考核体系，根据服务老年人的工作量统计其绩效，充分体现多劳多得的理念，减轻管理层的压力。家院互动，增进家属的认可。通过家属端App，家属能够随时了解老年人在曜阳养老服务中心的生活、照料情况，同时也可满足家属在App快速的办理请假、缴费等业务，家属对机构多一些了解，多了一份认可。

二是一体化管理。曜阳养老服务中心管理服务平台，实现了将养老机构、食堂、爱心超市、老年人会员卡、小助手等全部打通，实现数据的无缝对接，老年人通过一张卡就实现院内的所有消费，小助手通过App也能管理属于自己的老年人，而医护和管理层能够从生活饮食、活动、照护、医疗、健康等角度全面地了解老年人的情况，实现对老年人生命周期的全程管理。

三是云视智能识别。曜阳养老服务中心积极将人工智能深度学习算法与养老业务场景相结合，通过上亿张图片分析，有效标记量达千万张，实现了全院摄像头能够自动识别老年人的行为，对于老年人的跌倒、夜间离床、夜间未归等高风险行为预警，有效地保护了老年人的安全，减少了机构的照护风险。

四是全天候心率监测。充分运用大数据手段，依托乌当区已建成的全省首个区域医疗卫生平台（智慧医疗健康云平台）和全省居民健康卡试点优势，推动养老服务信息平台与乌当区智慧医疗健康云平台的对接，整合手机 App、居民健康卡等信息资源，开通老年人预约就诊等绿色通道，实现信息共享。中心针对心脑血管高危老年人实现了全天候的心率监测服务，通过手环、床垫、非接触式雷达、便捷式单导心率监护仪能够实现监测、预警、动态心电图阶梯式的心率监护体系，医护人员可以通过 App 随时掌握。

五是通过互联网将服务延伸到社区和家庭。社区居家养老模式是未来中国养老模式的主流，具有明显的服务特点，即老年人需求的种类多且碎片化，曜阳养老服务中心建立了一套社区居家养老服务平台，通过将老年人需求集中，通过派单将服务指定自己员工或第三方，同时整合了社会化志愿者资源，有效地降低服务成本，扩充服务内容，实现了通过以机构为补充，社区为依托，居家为基础的养老模式探索。在未来，曜阳将进一步通过信息化，充分发挥互联网的特点，通过整合庞大的社会化闲置劳动力资源，结合标准化的培训和评价绩效体系，建立一套基于社区内的线上居家上门服务网络，实现楼上楼下、小区内随叫随到的上门服务，既满足老年人服务需求的时间不确定性，又实现闲置劳动力的经济效应转化。

六是打通养老+医疗实现家庭医生服务。中心通过家庭医生平台，利用机构的医疗资源向老年人提供远程医疗服务，针对有特定需要的会派单给家庭医生提供上门服务，结合社区居家养老服务平台，将全面覆盖老年人的照护、医疗、慢病管理、心理咨询、陪伴等服务。

"互联网+"在养老服务中的具体运用比较成功的案例还有很多。比如浙江杭州"智慧养老"①、河南洛阳 12349 居家养老服务网站②、武汉"养老云平台"③、湖南湘潭荆鹏"互联网+社区居家养老"④、山西太原"智慧我家"⑤等。

---

① 参见赵芳洲，郑莉娜，戚云. 给居家养老插上互联网+的翅膀，杭州探索"智慧养老"[N]. 杭州日报，2017-4-10.

② 参见马跃峰. 利用互联网改变养老模式——洛阳构建没有围墙的养老院[N]. 人民日报，2016-4-22.

③ 参见陶盼. 武汉打造"互联网+养老"，未来三年每年投 2 000 万[N]. 武汉晚报，2016-10-10.

④ 参见王晓芳. 互联网+社区居家养老的湘潭模式[J]. 中国社会工作，2017（4月中）：40-41.

⑤ 参见王海漪，王志中. 基于"智慧社区"居家养老服务的经验与启示——以太原市"智慧我家"社区服务中心项目为例[J]. 山西高等学校社会科学学报，2016（9）：30-34.

（七）维科养老机构智慧消防

维科养老机构智慧消防系统由河南维科安广实业有限公司开发。该公司是一家集设计、研发、生产、销售和维护于一体的新型智慧消防企业，自主"智慧消防云服务管理平台"和"独立式智能灭火报警系统"等一系列服务于养老机构消防安全的设备、软件系统和集成方案，其起草的《温控自动启闭式水灭火装置应用技术规范》经河南省有关部门发布并实施，成为地方标准。

养老机构的消防安全隐患主要来自建筑耐火等级低，平面布置不符合要求，建筑使用管理防火意识和配套设施相对薄弱，消防设施、器材配置不符合要求，火灾隐患较多，老年人身体机能退化对危险发生反应不灵敏，在生活中容易因疏忽、健忘等原因引发火灾，且不能及时发现。当前，养老机构的消防安全形势仍然严峻，给人民的生命、财产安全造成极其重大的损失。针对养老机构消防安全隐患，维科公司研发了养老机构场所、小微场所智慧化消防系统，重点单位消控主机实现联网接入"智慧消防大数据管理平台"，小微场所增设新技术，低成本实现感知联网报警、自力式主动喷淋灭火，从而真正实现"防消结合""消防安全无死角"。

养老机构场所智慧消防改造项目，分重点单位和小微场所两部分。通过加装消防物联网关、智能简易喷淋系统、独立式感烟探测或紧急呼叫按钮等，通过无线网络传输至系统平台。

一是智慧消防大数据平台建设。本软件为云平台软件，无须客户额外部署，只需获得该公司许可授权，再由系统管理员配置账号，即可在互联网环境下使用本软件。维科安广智慧消防安全云服务管理平台不仅可以实时监测系统配套的火灾喷淋启闭、烟雾探测、燃气探测、用电安全等设备的实时安全报警状态，实现火灾提前预警、早期防控、早期处理，提升火灾自防自救能力，还可以兼容、扩展、外输各类数据，与智慧城市、消防主管部门及公安派出所、社区、物业等进行无缝对接、同步联动，比如目前已经投资建设过的消防设施，可以通过技术把信号接入云服务平台，实现联网监控报警。平台24小时监控各单位的消防情况，发现隐患即通过平台、电话、手机App等多种方式通知企业、维保单位进行整改，发现险情及时调集周边消防资源实时救援，并留存记录定期形成报告发往消防主管部门。平台还建立、整合、对接消防服务资源、地理、单位信息，手机App移动化实时呈现，移动化管理，互通互联，实时共享，做到底数清、情况明。通过各类传感器/探测器，监控消防系统和危险源智能物联，全方位精确监控消防安全设备和重大危险源，实时预警、分级处理、适时维护、智能研判，快速处理火灾。

二是养老机构场所重点单位联网。养老机构场所所有防火重点单位已经投资建设过的消防系统，通过"消防物联网关"将接收到的状态信息和预警信息进行解析，转换成平台能够识别的结构化数据信息，支持如海湾、北大青鸟、泰和安、利达等多品牌的厂商接入。实现平台远程接警、远程监控。

三是小型养老机构场所智慧消防改造。小型养老机构场所缺乏高效的无线报警设备（无线感烟探测器、无线可燃气体探测器、智慧用电安全监控探测器等）、自动喷淋系统等，存在较大的安全隐患。为了减少由火灾造成的人员伤亡和经济损失，此类场所增设智能消防设备新技术产品，加强安全防线，人防+技防提高监管和救援效率。根据物联网体系架构，小场所智慧消防智能灭火报警系统可划分为前端采集层、中间传输层、后端中心数据层和客户应用层四个主要层面，每一层面由不同的系统组成，四层结合起来组成联网单位物联网系统。

小型养老机构场所智慧消防改造，主要包括前端采集层、中间传输层、后端中心数据层和客户应用层。前端采集层通过不同的传感设备和采集设备对原始信息进行采集，如：通过喷淋探测、独立烟感，燃气探头等采集相关模拟量数值。采集上来的信息通过传输层储存至后端中心数据层，为客户应用层展示做基础数据储备。中间传输层由不同的传输设备和传输网络组成，对基础信息进行传输，如：对于数据量少（非视频数据）而布设有线网络又不方便的区域可以使用2G/3G/4G无线网络进行数据传输；对于需要组网传输的可以利用如今成熟的NB-IoT和Lora技术。传输层却是一个看不见的层次，但这并不意味着其不重要，相反，为了满足消防物联网应用的需要，建设一个安全、快速、合理的传输层一直是消防物联网的首要目标。后端中心数据层由服务器、服务器操作系统、数据库、智慧消防系统软件等组成，是整个智慧消防系统的核心并起到大脑的作用。客户应用层由显示大屏、操作台、监控处理界面、手机App等部分组成；显示大屏可以根据需求与否配置、配置规模也可以根据不同功能配置；PC端监控处理界面和手机App主要由管理人员进行管理、移动应用使用。

维科养老机构智慧消防系统的研发和投入使用，能够更有效地预防和解决火灾的发生，实现火灾，救早救小，保护养老机构老人的人身和财产安全，享受科技带来的便利及成果。项目建设全面推广实施安装创新产品——简易喷淋灭火装置，有效解决了"小型养老院"的消防安全难题。项目平台充分运用消防物联网监控系统，以技术代替人工，节约消防管理工作成本，促进消防安全监督管理的深化、提升火灾防控水平、提高火灾反应速度、加大消防安全保障力度、构建消防大数据为主导的社会综合火灾防控体系。

（八）盛世十月养老机构党建云平台

养老机构党建云平台由苏州盛世十月软件技术有限公司研发。该平台集宣传、学习、工作、互动、服务、监管、资源、管理、智库于一体，为党组织在经济服务建设、民生服务建设、社会服务建设和价值传播建设等方面提供全面的信息化支撑。同时，运用云端大数据分析，让党建工作成果可视化。构建起一整套完善、科学的党建工作运行机制，全面提升党建工作水平（见图5.1）。

党建云平台包括云端大数据、多组织多层级管理、视频会议系统等子系统。通过云端大数据，通过量化积分、实时智能分析、总结报告、可视化数据报告，让党建工作数字化、精准化。让书记、领导能够直观地看到自己支部或者所有支部的总体情况，为党组织年底考核提供有利的数据参考资料。多组织多层级管理，按照其层级将管理权限分为总管理员、机构管理员、支部管理员三个层级，促进平台的正常运行。视频会议系统，可满足党组织进行远程会议、多媒体课件录制播放功能，党员在不同的地点都可以实时接入，完成会议交流、互动讨论等工作，降低会议成本，提高会议效率。

在党建云平台的基础上，盛世十月研发了养老机构智慧党建App，并于2018年6月底免费提供给曜阳养老联系所属的养老机构。智慧党建手机应用App主要分为四大模块，35个主要功能。四大模块为首页模块、我的模块、活动签到、关系转接；35个功能为我的活动、活动平台、我要报名、志愿招募、行动支部、支部详情、支部动态、手机课堂、指尖党课、清风学苑、小试牛刀、先锋书库、云端书库、资源链接、两学一做、党章党规、时政要闻、今日金阊、先锋风采、区域共建、区域名片、党建联盟、党建活力、锦绣阊门、传承、集萃、展播、我的积分、积分详情、积分排名、积分说明、党费缴纳、缴纳记录、我的收藏、建议意见。

智慧党建App包括多个板块。党建宣传平台：党组织可通过基层党建平

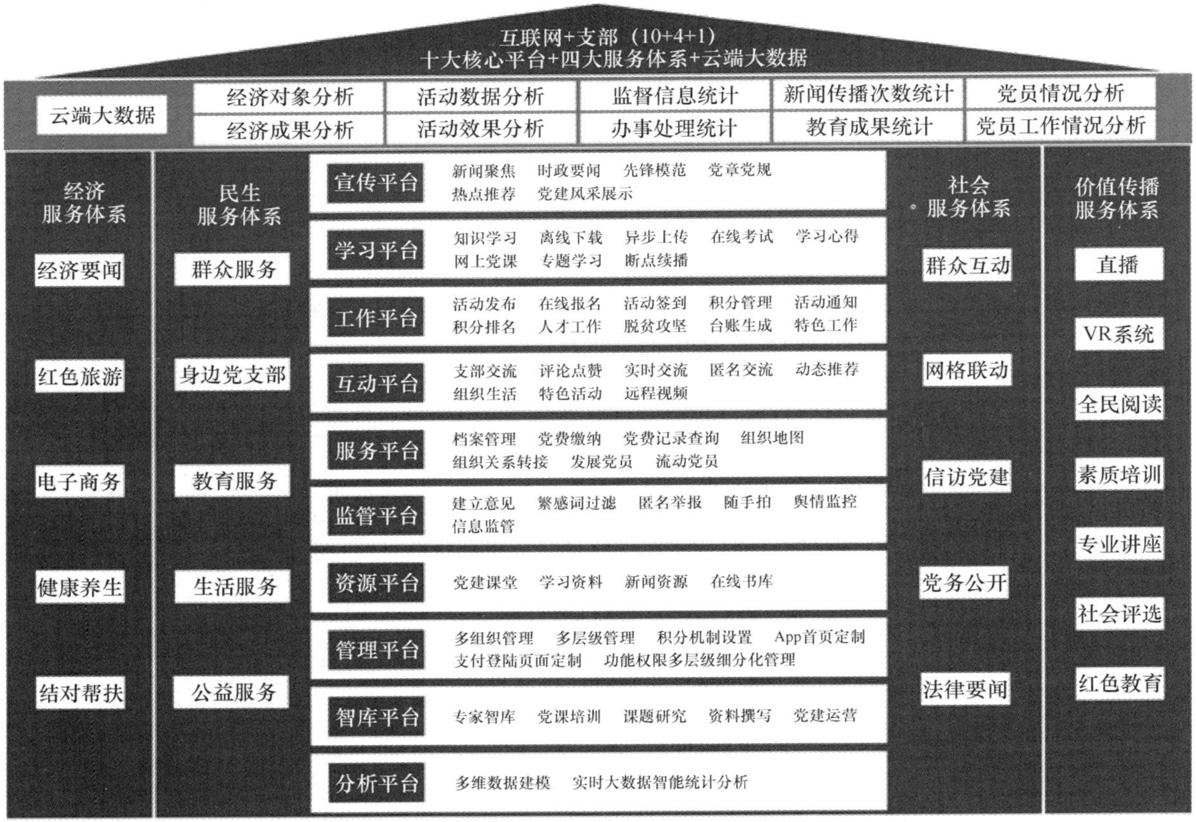

第五章 "互联网+"养老服务的实现路径——基于地方实践和案例的分析

图 5.1 党建云平台

资料来源：盛世十月公司

台，宣传党和国家的路线方针政策等信息，加强党的网络话语权建设，做好党员群众的思想工作，通过 App 及时推广消息。党务工作平台：一键发布重要通知，切实提高了通知送达率，在线发布会议、活动、现场签到，实时统计分析。学习教育平台：借助互联网技术建立党员网上学习教育平台，让党员随时随地都能参与到学习教育中来。党建服务平台：提供线上档案管理、党费缴纳、组织地图、组织关系转接等功能，面向全体联盟党员提供精细化服务。党建时事平台：筛选党建资讯、学习视频、音频、文档等资料，可一键引用发布到自己的平台中，同时还可以与资源平台达成运营合作，由基层党建云平台自动推送国家时事政治、权威的政策解读等资料到党组织的云平台中，使党组织在平台运营工作中省时、省钱、省心、省力。互动平台：全国范围内党组织和党员之间，全天候互联互通，信息共享。

运用互联网技术手段，打造党建云平台，是加强养老机构党的建设，特别是加强民办养老机构党的建设的一个新举措。通过互联网技术，打造党建云平台，将传统党建工作停留在纸上、挂在嘴上，没有完全"落地"的状态转变为实际操作，利用实际的大数据分析展示，使党建工作成果一目了然，同时将党组织上下联动、齐抓共管的责任落实到底。传统党建工作方式，党员思想意识淡薄，缺乏有效的方式监督党员的思想形态变化。利用党建云平台，为党员提供发声的渠道，党组织可快速收集党员反馈的问题，从而分析出党员的思想意识变化。互联网的快速发展正在改变每一个人的工作方式和生活方式，党员也在从传统的教育方式下转变。利用音视频、文档学习、在线考试、心得交流创新党组织学习教育模式。建立网上党支部，开通网上通知公告、网上党费收缴、组织关系转移等功能，提升党建工作效率。

上述"互联网+"养老服务技术开发和平台建设，只是目前或者运用比较广泛或者在某一方面具有独特性的几个典型案例。实际上，目前我国相关机构、企业等开发和投入使用的"互联网+"养老服务技术方案、平台还有很多，比如江西的"守护云"智能养老服务平台[1]、三开科技智慧养老云平台[2]、"优养护"养老管理平台[3]，以及新华网养老频道、微孝百分网、拐杖

---

[1] 赖娇健. 探秘江西首个"互联网+智能养老"服务平台 [EB/OL]. http://news.newsxy.com/2016/0830/254102.shtml.

[2] 佚名. 三开科技冷泓昊"互联网+养老"解决养老机构痛点 [EB/OL]. http://www.sohu.com/a/117850771_380198.

[3] 佚名. 优频"优养护"智慧养老 [EB/OL]. http://www.uradiosystems.com/info-27.html.

网等互联网平台。在开发"互联网+"养老服务技术方案、手段和平台的机构和企业中，有些机构和企业专门进行技术开发和平台建设，通过市场化或公益的途径提供给养老服务机构、社区和老年人使用，但也有一些机构和企业不仅做技术开发、产品生产和平台建设，而且直接运营平台开展养老服务。

三、本章小结

1. 近年来，"互联网+"在我国养老服务领域得到了广泛运用，这同国家政策的引领与地方政府的积极推动是分不开的。自从 2015 年 3 月李克强总理在当年的政府工作报告中首先提出了"制订'互联网+'行动计划"，同年 7 月国务院发布《关于积极推进"互联网+"行动的指导意见》后，为推动"互联网+"与养老服务的深度整合和创新发展，国务院及有关部委在一系列政策文件中对把"互联网+"运用于养老服务做出了一系列部署和规划。自国家相关政策文件下发后，各地结合当地实际，积极探索"互联网+"与养老服务深度融合的具体途径、方式和方法，推动人工智能、物联网、云计算、大数据等新一代信息技术和智能硬件等产品在养老服务领域的深度应用。

2. 把"互联网+"技术手段和平台运用于养老服务，则需要通过相应的养老服务机构、社区落地。目前，"互联网+"在养老服务中的具体运用比较成功的案例也不少。乌镇智慧养老综合服务平台是乌镇居家养老照料中心运用互联网、物联网和云技术，开创了"线上+线下"的居家养老新模式，覆盖的养老服务对象是全镇老年人。曜阳互联网养老院是中国红十字会总会事业发展中心和互联网医疗行业的领军者微医集团强强合作，联合建立的一家基于互联网开展医养结合养老服务的联盟，覆盖的养老服务对象主要是曜阳养老联盟机构的入住老年人。广州市"长者饭堂"采取"企业让一点、政府补一点、慈善捐一点、个人掏一点"模式，政府搭台、企业和社会组织唱戏、社会各界多元参与，上线运行全市居家养老综合服务信息平台和助餐配餐服务 App，解决全市老年人的就餐配餐问题。厦门市养老信息化平台由厦门市民政局主管的民办非企业单位厦门市市民养老服务中心运营，承接和协助政府民政部门进行社会化养老服务，试图打造一座覆盖厦门全市的"没有围墙的智慧养老院"。长沙市雨花区社区为老服务信息平台由雨花区按照"政府搭台、社会参与、市场运作、惠及百姓"的思路进行建设，按照民办公助的模式建设、政府购买服务的形式运营，具体由民办非企业单位康乐爱老服务中心组织运营管理，服务对象覆盖全区老年人口。贵阳市曜阳养老服务中心是贵阳市人民政府支持中国红十字会总会事业发展中心在当地合作建立的医养结合养老服务示范项目，在机构内充分运用互联网技术手段，提高服务质量和水平，满足入住老年人的多方面需求。

3. 从上述"互联网+"在养老服务中的具体运用的案例来看，尽管服务对象和范围有所不同，提供的服务类型和种类不同，但都有几个共同点：一是当地政府重视，从政策到土地、资金、互联网资源等各个方面，对开展"互联网+"养老服务提供了大量的支持。有的地方或机构是直接在当地政府的引导下开展"互联网+"养老服务的；二是社会力量，主要是民办非企业单位是开展"互联网+"养老服务的主体，前述"互联网+"养老服务的典型案例，几乎无一例外，都是由民办非企业单位组织运营管理的。

第六章

结论与政策建议

以"互联网+"养老服务供给和需求问卷调查数据,以及"互联网+"养老服务地方实践和案例分析为基础,并广泛借鉴现有研究成果,本书得出了发展养老服务首先要更新理念,"互联网+"养老服务具有许多独特的优势,"互联网+"养老服务是把养老服务需求与供给有机联结起来的一个闭合环路,"互联网+"养老服务并不能取代传统的养老服务机构、居家养老服务中心和社区养老,技术开发和平台建设是发展"互联网+"养老服务的基础工程,把"互联网+"技术手段和平台运用于养老服务,需要通过相应的养老服务机构、企业、社区落地等结论,并提出了发展"互联网+"养老服务要坚持以老年人的养老服务需求为导向,加强"互联网+"养老服务信息平台建设,重视"互联网+"养老服务技术、服务和产品创新,加强"互联网+"养老服务人才队伍建设,做好互联网应用技术和基本知识的普及等政策建议。

一、本书的主要结论

在文献梳理、对问卷调查数据和收集的大量案例进行分析研究和理论思考的基础上,我们的研究得出了如下主要结论。

第一,面对我国人口老龄化的严峻趋势,发展养老服务首先要更新理念。理念是行动的先导。做好应对人口老龄化的顶层制度设计,既要遵循世界人口老龄化的一般规律,以马克思主义唯物论辩证法和相关科学理论为指导,又要更新理念。要树立"老年人"不是绝对的而是相对的,老年人不是负担和累赘，而是经济社会发展的参与者、贡献者、发展成果共享者。人口老龄化是不可逆转的世界性趋势，但其进程与影响是可以延缓和减轻的，要促进健康老龄化，更要引导和推动积极老龄化的新理念，以新理论引领顶层制度设计和应对策略的制定实施。

第二，要健全和完善养老服务政策和制度体系。面对数亿老年人持续高涨的养老服务诉求和钱从何来、谁来服务、怎样服务的疑虑，必须尽快健全我国养老服务政策和制度体系，从而构建起保障全体人民"老有所养"的顶层制度和政策框架。要适时把以"居家为基础、社区为依托、机构为补充"的养老服务发展思路调整为以"居家为主、机构为辅"。对养老机构必须分类分级管理。建立健全居家养老支持政策。政府"兜底"与公办养老机构的职能定位必须精准到位。要建立健全长期照护保障体系，在总结试点经验的基础上全面建立长期护理保险制度，并确定为我国社会保险制度体系的"第六险"。要发挥商业保险机构在建立和发展长期护理保险制度中的积极作用，建立专业化长期照护服务提供体系。

第三，必须制定和实施更加积极的人口发展战略和人口政策。对人口老龄化进程起决定性作用的两个主要因素中，人口预期寿命的延长是不可逆转的趋势，因而只有生育率才是主动作为延缓人口老龄化进程的可变因素。在生育意愿和生育率双下降的背景下，只有采取各种综合措施抑制生育率的下降趋势，使生育率尽可能回归人口正常世代更替水平，才是主动作为有效延缓人口老龄化进程的根本之策。为有效延缓我国人口老龄化进程，为国家经济社会发展和中华民族伟大复兴创造良好的人口条件，必须制定和实施更加积极的人口发展战略和人口政策。要贯彻落实好党的十九大报告提出的"促进生育政策与相关经济社会政策的配套衔接"，制定和实施与生育政策相配套的一系列经济社会政策。

第四，"互联网+"养老服务是互联网机构主动参与养老服务、养老服务业界主动运用互联网升级改造传统养老服务业而出现的养老服务新业态。"互联网+"养老或养老服务，并不是"互联网"和"养老"两者之间的简单相加，而是两者之间的深度融合，推动养老服务技术进步、效率提升和组织变革，提升养老服务能力、质量和水平，形成以互联网为基础设施和创新要素的养老服务发展新形态。既可以是通过对传统养老服务业的升级改造而形成新的"互联网+"养老服务业，也可以是养老机构、社区、居家养老服务中心运用"互联网+"技术手段开展养老服务，还可以是互联网运营机构运用自己的网络信息平台开展养老服务。因而，互联网运用于养老服务社会化的具体路径是多种多样的。"互联网+"养老服务在居家养老、社区养老、机构养老中的运用是有差异的。在居家养老服务方面，一方面是开发和运用智能硬件，包括移动互联网、云计算、物联网、大数据等，重点推进老年人健康管理、紧急救援、精神慰藉、服务预约、物品代购等服务，开发更加多元、精准的私人定制服务；另一方面则是推进适合老年人的智能化产品、健康监测可穿戴设备、健康养老移动应用软件等的设计和开发，以满足老年人日益多样化、多层次、个性化的居家养老服务需求。在社区养老服务方面，重点是搭建养老信息服务网络平台，提供护理看护、健康管理、康复照料等社区居家养老服务。在机构养老服务方面，主要是鼓励养老服务机构应用基于移动互联网的便携式体检、紧急呼叫监控等设备，提高养老机构的服务水平。

第五，"互联网+"养老服务是把养老服务需求与供给有机联结起来的一个闭合环路。由智能设备、线上服务平台和线下服务圈三大板块组成，以智能设备为基础设施，以老年人服务需求信息为要素，以线下服务圈为支撑，共同构成一个闭合的供给与需求链。借助"互联网+"的强大整合能力和包容性，将三大板块有机地联结为一个"供给—匹配—需求"的闭合环路。其中智能设备在整个运行机制中起到基础作用，在"线下"收集老年人的信息并自动传输至"线上"软件平台。软件平台和数据处理中心作为整个运行环路的"桥梁"和线下养老资源的整合机制，在整个运行机制中处于核心地位，它借助大数据的资源挖掘老年人对养老服务的需求并整合线下服务圈进行匹配，实现对老年人需求的精准服务输出。线下养老"服务圈"作为服务的具体执行者，在整个系统中起着支撑服务的作用。

第六，"互联网+"养老服务具有许多独特的优势。"互联网+"养老服务是对传统养老服务的超越，它能促进供需有效匹配，解决养老服务供需信息不对称、不匹配的问题，提高养老服务供给的及时性和便捷性；优化养老服务资源的配置和整合，实现养老机构、社区、社会等养老资源的有效整合和优化；有助于减少人力资源配置，有效节省人工成本，助力破解"无人养老"困局；在日常生活照料、医疗护理、购物求医、精神慰藉、文化娱乐等方面可以弥补单一的居家养老、社区养老、机构养老存在的不足，以更好地满足老年人多层次化、多元化、个性化的养老服务需求；有助于促进养老服务的智能化、专业化和标准化，既能够提高养老服务的效率，又可以对提高养老服务质量和水平产生多方面的促进作用。

第七，随着互联网的普及以及经过媒体和业界的宣传、推广，老年人对"互联网+"养老服务的需求已经初步激发，这种需求是多方面的。调查发现，老年人的性别、年龄、文化程度、婚姻状况、子女数及与子女共同居住情况、生活自理能力、以前主要从事的工作等个人特征，以及家庭年轻人是否外出打工、家庭每月总收入和总支出、家庭收入的主要用途等家庭背景因素，都是影响老年人养老服务需求，包括"互联网+"养老服务需求的重要因素。老年人的养老服务需求包括养老方式需求和养老服务内容需求两大方面。老年人对"互联网+"养老服务的需求随着互联网的普及已经逐渐被激发。代购日常生活用品、请医生上门看病和请人维修家具电器是三项需求最大的上门养老服务，也是老年人通过互联网实际寻求过的最主要的上门服务项目。但是，调查也发现，如果碰到养老方面的问题，到网上查找相关养老服务信息的老年人所占比例并不是太高，更多的还是向子女、其他亲友或邻居、村干部或社区干部寻求帮助，完全靠自己解决的也不少，真正寻求专业的养老服务机构帮助的极少。随着互联网的普及和在养老服务领域应用的拓展，会有更多的老年人通过互联网寻求养老服务方面的帮助，互联网也会更方便可及地为老年人提供多方面的养老服务。老年人对"互联网+"养老服务有需求，但这种需求能否得到满足，实际上取决于一系列的影响因素。从老年人自身来讲，会不会上网、会不会使用网络、会不会使用网络的各种功能，以及有没有网络、网络的收费等，都是影响老年人的"互联网+"养老服务需求能够得到释放、是否能够得到满足的重要因素。

第八，"互联网+"养老服务是养老服务供给的一种新方式，并不能取代传统的养老服务机构、居家养老服务中心和社区养老，主要是运用互联网技术手段对其改造升级。"互联网+"养老服务与传统的养老服务相比，具有独特的优势，尤其是能够为供需双方、供给各方搭建起更加便捷的信息沟通渠道，有助于解决供需失衡问题。"互联网+"养老服务，既可以是传统养老服务机构和企业通过升级改造而形成新的"互联网+"养老服务供给方，也可以是通过养老机构、社区、居家养老服务中心运用"互联网+"技术手段开展养老服务，还可以是互联网运营机构运用自己的网络信息平台开展养老服务。因而，"互联网+"运用于养老服务的具体路径是多种多样的。调查发现，养老机构开展"互联网+"养老服务,除极少数机构单独建立互联网网络平台提供面向社会的服务外,多数仅仅是运用互联网技术手段升级改造传统的养老服务机构,在养老服务中更多地运用互联网技术手段以提高服务的水平和质量,比如建立联结入住老人、护理人员、管理人员、医生等相关人员的信息呼叫中心,有的信息呼叫中心还能够联通周边居家养老的老人以便开展上门服务;建立与医疗机构、养老服务加盟商、社会公益组织、政府相关部门等的信息网络平台,加强与有关各方的信息联系,等等。但是,"互联网+"养老服务开展的时间并不长,不同养老机构开展"互联网+"养老服务的具体情况千差万别,甚至对自己机构是否开展了"互联网+"养老服务的认知也还相当模糊。

第九,"互联网+"已经在我国养老服务发展中得到了越来越多、越来越广泛的运用。我国"互联网+"养老服务得到了迅速发展,不仅出现了一批专业化的"互联网+"养老服务信息平台和网站,而且形成了一个没有边界的依托互联网技术手段的养老服务供应体系。与此同时,大批传统的养老机构运用互联网技术手段和运营平台进行升级改造,在养老服务中广泛运用互联网技术手段以提高服务的水平和质量。"互联网+"已经在我国养老服务发展中得到了越来越多、越来越广泛的运用。"互联网+"养老服务作为一种新生事物,作为一种新技术、新手段在养老服务领域的运用,实际上是随着国家"互联网+"行动的推进逐步展开的。许多新建的养老机构正好赶上了"互联网+"行动这一良机,从一开始就比较重视和引入"互联网+"技术手段开展养老服务,开办时间早的养老机构也是近年来才开始引入"互联网+"技术手段进行升级改造,开展相应的"互联网+"养老服务的。调查也发现,并非所有的养老机构都开展了"互联网+"养老服务。没有开展"互联网+"养老服务的原因是多方面的,资金、人才和技术,正是许多养老机构开展"互联网+"养老服务的现实障碍和瓶颈。

第十,"互联网+"在我国养老服务领域得到了广泛运用,这同国家政策的引领与地方政府的积极推动是分不开的。因应我国经济发展进入新常态的总体特征,2015年3月李克强总理在当年的政府工作报告中首先提出了"制定'互联网+'行动计划",同年7月国务院发布《关于积极推进'互联网+'行动的指导意见》。为推动"互联网+"与养老服务的深度整合和创新发展,国务院及有关部委在一系列政策文件中对把"互联网+"运用于养老服务做出了一系列部署和规划。各地结合当地实际,积极探索"互联网+"与养老服务深度融合的具体途径、方式和方法,推动人工智能、物联网、云计算、大数据等新一代信息技术和智能硬件等产品在养老服务领域的深度应用。

第十一,技术开发和平台建设是发展"互联网+"养老服务的基础工程。发展"互联网+"养老服务,首先必须开发以物联网、云计算、大数据为基础的"互联网+"技术手段,形成"互联网+"养老服务技术集成体系和养老服务信息平台。目前我国相关机构、企业等开发和投入使用的"互联网+"养老服务技术方案、平台很多,也各有特色和优势。在开发"互联网+"养老服务技术方案、手段和平台的机构和企业中,有些机构和企业专门进行技术开发和平台建设,通过市场化或公益的途径提供给养老服务机构、社区和老年人使用,但也有一些机构和企业不仅做技术开发、产品生产和平台建设,而且直接运营平台开展养老服务。

第十二,把"互联网+"技术手段和平台运用于养老服务,则需要通过相应的养老服务机构、企业、社区落地。目前,"互联网+"在养老服务中的具体运用比较成功的案例也不少。"互联网+"养老服务并不能取代传统的养老服务机构、居家养老服务中心和社区养老。实际上,"互联网+"养老服务要真正落地,只有把互联网技术手段与机构养老、社区养老、居家养老有机结合,充分运用互联网思维、互联网技术和手段,打造出养老服务新业态。调查发现,近年来出现的乌镇智慧养老综合服务平台、曜阳互联网养老院、厦门市市民养老服务中心等,就是"互联网+"在养老服务中具体运用的几个典型案例。从"互联网+"在养老服务中具体运用的案例来看,尽管服务对象和范围有所不同,提供的服务类型和种类不同,但都有几个共同点:一是当地政府重视,从政策到土地、资金、互联网资源等各个方面,对开展"互联网+"养老服务提供了大量的支持,有的地方或机构是直接在当地政府的引导下开展"互联网+"养老服务的;二是社会力量,主要是民办非企业单位是开展"互联网+"养老服务的主体,前述"互联网+"养老服务的典型案例,几乎无一例外,都是由民办非企业单位组织运营管理的。

二、推动"互联网+"养老服务发展的政策建议

"互联网+"养老服务是对传统养老服务的超越,它能促进供需有效匹配,优化养老服务资源的配置和整合,有效节约人工成本,更好地满足老年人多

层次、多样化和个性化需求,促进养老服务的智能化、专业化和标准化,提高养老服务的水平和质量。针对目前我国"互联网+"养老服务发展中存在的突出问题,在充分调查研究的基础上,我们提出如下政策建议。

第一,发展"互联网+"养老服务要坚持以老年人的养老服务需求为导向。新时代社会主要矛盾在养老服务领域的直接表现,就是老年人对美好养老生活的需要与养老服务发展不平衡不充分的矛盾。养老服务,特别是"互联网+"养老服务,是一种特殊的服务,不能简单地以供给引导需求,不能是社会能提供哪些"互联网+"养老服务,老年人就被动接受哪些服务。目前一个比较普遍存在的问题,是老年人有"互联网+"养老服务需求,却没有相应的供给,社会能够提供的"互联网+"养老服务供给却不一定有需求。因此,发展"互联网+"养老服务,首先要搞清楚老年人需要哪些"互联网+"养老服务,不同的老年人群体对"互联网+"养老服务的需求又有什么差异,着力解决需求与供给的脱节问题。发展"互联网+"养老服务,不仅要考虑到满足老年人"大众化"的养老服务需求,也要充分考虑到老年人"小众化"的需求,充分做到有需求有供给,供需相匹配,以满足老年人对更加美好生活的需要。

第二,加强"互联网+"养老服务信息平台建设。"互联网+"养老服务信息平台"以互联、开放、共享、便捷为特征,利用信息基础数据,为老年人提供智慧化的高效养老服务"[①]。如前所述,有些互联网机构和企业专门进行技术开发和平台建设,通过市场化或公益的途径提供给养老服务机构、社区和老年人使用。但是,目前的养老服务信息平台建设存在两个比较突出的问题。一是各个平台独立运行,服务的范围或对象局限于特定区域或特定机构、特定人群,相互之间互不兼容,且基本上没有留有相互连接的接口。这同"互联网+"养老服务信息平台的本源特征互联、开放、共享是相背离的。二是虽然养老服务机构、社区、居家养老服务中心和企业都可以依托"互联网+"养老服务信息平台开展养老服务,但"互联网+"养老服务应该有大致相同的运营程序和方式、服务规范和标准。目前,"互联网+"养老服务的规范和标准制定明显滞后,甚至还没有引起有关方面的足够重视。这是加强养老服务信息平台建设必须解决好的两大现实问题。

---

① 陈君."互联网+"视域下杭州市城市网络养老服务需求研究[J].区域经济,2018(5):135-138.

第三，重视"互联网+"养老服务技术、服务和产品创新，推动"互联网+"养老服务供给侧结构性改革。"互联网+"运用于养老服务，本来应该有利于解决养老服务信息不对称、供需不匹配的问题。但是，目前这一问题并没有解决好。要解决这一问题，必须以老年人的养老服务需求为导向，推动"互联网+"养老服务供给侧结构性改革。从供给的角度来看，主要包括三个大的方面：一是"互联网+"养老服务技术供给，要在政府引导下，充分发挥互联网技术企业和机构的积极性，开发和创新"互联网+"养老服务技术方案、软件和平台；二是"互联网+"养老服务智能产品供给，要加快技术创新，研发生产具有更强安全性、可靠性、实用性、操作便利的健康监测、呼叫报警、多功能可穿戴设备以及智能机器人等智能设备；三是"互联网+"养老服务供给，重点是要适应老年人多层次、多方面的需求，培育和整合养老服务供给商或加盟商，方便可及地为老年人提供包括上门服务在内的全方位养老服务。

第四，加强"互联网+"养老服务人才队伍建设。"互联网+"养老服务人才队伍建设，既包括"互联网+"养老服务技术、平台、产品开发和创新人才队伍，更包括养老服务机构和养老提供商运用"互联网+"养老服务技术、平台和产品的专业人才。从总体上看，我国不缺乏前一类人才，缺的主要是后一类人才。目前，多数养老机构并没有开展"互联网+"养老服务，原因是多方面的。根据我们的调查，资金、人才和技术正是许多养老机构开展"互联网+"养老服务的现实障碍和瓶颈。"没有足够的资金投入""没有专门的人才""没有技术"，成为许多养老机构开展"互联网+"养老服务的现实障碍。在加强养老服务机构管理人员及其护理人员专业技能培训的同时，要加强养老机构"互联网+"养老服务专业人才队伍的建设。

第五，做好互联网应用技术和基本知识的普及。推动"互联网+"养老服务的持续健康稳定发展，一方面，要加强适合老年人群特点的互联网、移动通信软件和硬件建设，开发更多方便和适合老年人的产品；另一方面要加强"互联网+"养老服务应用技术及其知识的普及，既要加强对养老服务从业人员的"互联网+"养老服务应用技术及其知识的普及，也要加强对老年人的"互联网+"养老服务应用技术及其知识的普及。目前，老年人对"互联网+"养老服务的需求初步得到了激发，这种需求会越来越旺盛。但是，老年人对"互联网+"养老服务的需求能否得到满足，并不完全取决于"互联网+"养老服务的供给，还取决于自身的一系列因素，比如会不会上网，会不会使用网络，会不会使用网络的各种功能等。我们的调查也发现，如果碰到养老方面的问题，只有极少的老年人会到网上查找相关养老服务信息，老年人互联网使用率仍然不高。究其原因，一个很重要的方面就是老年人对"互联网+"养老服务的认知度不高，甚至存在排斥感。许多老年人不会上网，不会利用互联网上的养老服务信息。因而，必须重视和加强老年人"互联网+"养老服务应用技术和基本知识的普及，提高老年人使用互联网及智能养老产品的基本能力。

附录1 老年人养老服务需求调查问卷

随着我国人口老龄化速度日益增加，为了更好地了解当地老年人的养老需求。以便为进一步解决当地养老问题提供合理化的意见建议，我们设计了这份问卷，希望得到您的支持和帮助。请您按实际情况填写，向您表示衷心的感谢！

一、个人基本情况

1. 您的性别：
    A. 女
    B. 男

2. 您的实足年龄是____岁。

3. 您有几个孩子____个；其中____个和您住在一起。

4. 您的婚姻状况：
    A. 未婚
    B. 已婚
    C. 离异
    D. 丧偶
    E. 其他

5. 您的文化程度：
    A. 小学及以下
    B. 初中
    C. 高中
    D. 大专或以上

6. 您的自理能力：
    A. 完全自理
    B. 半失能（多病或瘫拐）
    C. 失能（完全不能自理）

二、家庭基本情况

7. 您家的年轻子女是否在外打工？
    A. 是

B. 不是

8. 您的生活来源是什么（多选）？

　　A. 子女补贴

　　B. 自己工作

　　C. 政府补助

　　D. 以往的积蓄

　　E. 其他（请注明）_____

9. 您现在全家每月的总收入（居住在一起的家庭成员收入之和）大约有多少？

　　A. 1 000元以下

　　B. 1 000~3 000元

　　C. 3 000~5 000元

　　D. 5 000~8 000元

　　E. 8 000元以上

　　F. 不详

10. 您全家目前每个月的支出大约是多少？

　　A. 500元以下

　　B. 500~1 000元

　　C. 1 000~1 500元

　　D. 1 500~2 000元

　　E. 2 000~2 500元

　　F. 2 500~3 000元

　　G. 3 000~3 500元

　　H. 3 500~4 000元

　　I. 4 000~4 500元

　　J. 4 500元以上

11. 您家的收入主要用于哪些方面（可以多选）？

　　A. 缴纳医疗和养老保险

　　B. 看病买药

　　C. 购买生活用品

　　D. 为今后养老储蓄

E. 为子女留着

F. 支援子女

G. 存点钱以防意外

H. 人情往来

I. 其他（请注明）_____

三、养老基本现状

12. 您现在的日常生活主要由谁来照料？

    A. 自理

    B. 老伴相互照料

    C. 子女

    D. 其他亲友

    E. 保姆

    F. 其他（请注明）_____

13. 您愿意选择什么样的养老方式？

    A. 居家养老

    B. 幸福院养老

    C. 机构养老（养老院、敬老院）

    D. 其他（请注明）_____

14. 您了解农村幸福院吗？

    A. 了解

    B. 听说过，但不了解

    C. 从没听过，不了解

15. 您愿意不愿意接受农村幸福院这一养老方式？

    A. 愿意

    B. 不愿意

    C. 没有考虑过

16. 如果在您居住地或附近新建一家养老院，服务和收费在不同档次，您会如何选择（请打√）？

收费标准	会入住	不会入住	没考虑好或不考虑
2 000 元以下			

续表

收费标准	会入住	不会入住	没考虑好或不考虑
2 000~2 500 元			
2 500~3 000 元			
3 000~3 500 元			
3 500 元以上			

17. 如果选择入住养老院，您优先考虑的因素是什么？

    A. 服务质量

    B. 价格

    C. 居住环境

    D. 离家远近

    E. 其他（请注明）_____

18. 您最需要的养老服务是什么（可以多选）？

    A. 休闲娱乐

    B. 家政服务

    C. 定期身体检查

    D. 有人陪伴聊天

    E. 医疗保健

    F. 其他（请注明）_____

19. 您最喜欢参加的娱乐活动有哪些（可以多选）？

    A. 种花养草

    B. 打麻将

    C. 老年活动室的活动

    D. 户外健身

    E. 积聚晨练

    F. 其他（请注明）_____

20. 在居家养老方面，您认为当前迫切需要政府和社会解决哪些问题（可以多选）？

    A. 尊老敬老孝老的社会氛围不浓的问题

    B. 老年人活动室少、离家远的问题

C. 适合老年人的活动少、生活单调的问题

D. 老年人的做饭或送餐问题

E. 老年人洗澡不方便的问题

F. 其他（请注明）＿＿＿＿＿＿＿＿＿＿

21. 在养老方面，目前您最大的感受是什么？

A. 心灵孤独

B. 日常生活无人照顾

C. 安全问题

D. 独自承担体力劳动

E. 生活贫困

F. 其他（请注明）＿＿＿＿＿＿＿＿＿＿

22. 您支持在本地建立农村养老幸福院吗？

A. 支持

B. 不支持

C. 无所谓

四、"互联网+"养老

23. 您平常上网吗？

A. 经常上网

B. 偶尔上网

C. 从来不上网

D. 家里没有网

24. 您会不会使用手机上的下列用途（可以多选）？

A. 短信

B. 微信

C. App

D. 其他（请注明）＿＿＿＿＿＿＿＿＿＿

25. 如果您碰到养老方面的问题，会不会到网上查找有关的信息？

A. 会

B. 不会

C. 从来没有想过这个问题

26. 如果您碰到养老方面的难题，会通过什么途径寻求帮助（可以多选）？

A. 到网上寻找提供服务的专业养老服务机构

B. 打电话、发短信或微信给子女、其他亲友或邻居

C. 打电话、发短信或微信给村干部或社区干部

D. 不打电话、发短信或微信，而是直接找人帮助

E. 靠自己解决

F. 其他（请注明）＿＿＿＿＿＿

27. 您在过去一年中，通过互联网、手机 App、紧急呼叫系统等途径，寻求过养老服务方面的帮助吗？

A. 有过　　如果有过，大概有多少次＿＿＿次

B. 没有

28. 如果您曾经利用互联网、手机 App、紧急呼叫系统等寻求帮助，主要是寻求什么帮助（可以多选）？

A. 代购日常生活用品

B. 代购药品

C. 找保姆

D. 找人陪同上医院

E. 请医生上门看病

F. 请人维修电器、家具等

G. 请人帮忙洗澡

H. 请人帮忙做饭

I. 请人打扫卫生

J. 请人洗衣服被褥

K. 请人陪同聊天

L. 其他（请注明）＿＿＿＿＿＿

29. 您觉得现在从网上或手机 App 等途径寻求养老服务帮助，方便吗？

A. 方便

B. 不太方便

C. 很不方便

30. 如果您觉得现在从网上或手机 App 等途径寻求养老服务帮助不方便，那么主要是因为什么呢（可以多选）？

A. 上不了网

B. 不会上网

C. 上门养老服务的机构少

D. 等候的时间太长

E. 收费太贵

F. 服务态度不好

G. 服务质量不高

H. 其他（请注明）_____

31. 如果通过互联网寻求所在社区和养老服务机构提供上门养老服务，您最希望提供哪些服务（可以多选）？

    A. 代购日常生活用品

    B. 代购药品

    C. 找保姆

    D. 陪同上医院

    E. 医生上门看病

    F. 维修电器、家具等

    G. 帮忙洗澡

    H. 帮忙做饭

    I. 打扫卫生

    J. 洗衣服被褥

    K. 陪同聊天

    L. 其他（请注明）_____

附录2 "互联网+"养老服务调查问卷

各位院长好！

  近年来，国家大力推动"互联网+"行动，许多养老服务机构开展了"互联网+"养老服务。为了解我们养老院开展"互联网+"养老服务的情况特别是面临的问题和困难，为国家有关方面决策提供建设性建议，我们进行这项调查。对你填写的具体内容我们将严格保密。您只需在每个问题后面适合的答案上画圈或空格上填上具体内容即可。谢谢您的支持和配合！

  一、您所在养老机构的性质是（限选一项）：

1. 城镇公办公营养老机构
2. 城镇公建民营养老机构
3. 农村五保老人集中供养机构
4. 个人投资（含合伙、合作）举办的民办养老机构
5. 企业投资举办的民办养老机构
6. 社会组织投资举办的民办养老机构
7. 其他（请具体说明）_____

  二、您所在养老机构开办的时间是：

1. 2000年前
2. 2001—2010年
3. 2011年以后

  三、您所在养老机构的床位数为____张。

  四、您所在养老机构实际入住老年人数为____人。

  五、您所在养老机构所在地区属于：

1. 东部沿海地区（含辽宁、北京、天津、河北、山东、江苏、上海、浙江、福建、广东、广西、海南）
2. 中部地区（含山西、内蒙古、吉林、黑龙江、安徽、江西、河南、湖北、湖南）
3. 西部地区（含陕西、甘肃、青海、宁夏、新疆、四川、重庆、云南、贵州、西藏）

  六、您所在养老院坐落在：

1. 市区

2. 城市近郊区

3. 城市远郊区

4. 集镇

5. 农村

6. 其他（请注明）_____

七、您所在养老机构的主营业务是（限选两项）：

1. 普通的入住服务（指提供床位、餐饮和必要的医疗服务的养老机构）

2. 日照服务（指社区日照中心开展的服务）

3. 上门居家养老服务

4. 以康复为主的入住服务（指老年病医院开展的老年病床服务以及老年护理院、康复院开展的养老服务）

5. "互联网+"养老服务（指"互联网+"网络运营商、信息中心开展的养老服务）

八、您所在的养老机构是否开展了"互联网+"养老服务：

1. 是

2. 否

3. 说不好

九、您是否认为自己所在的养老机构属于"互联网+"养老机构（限选一项）？

1. 是，我们是一家"互联网+"养老服务运营平台（指互联网养老网站、专门的互联网养老信息平台）

2. 是，我们是一家运用互联网技术手段升级改造而建成的"互联网+"养老服务机构

3. 谈不上，只是运用了"互联网+"技术手段开展一些养老服务

4. 不是

十、您认为判断一家养老机构是"互联网+"养老服务机构的标准主要是什么（可选多项）？

1. 主营业务是"互联网+"养老

2. 必须有自己独立的互联网站

3. 有自己内部的信息呼叫系统

4. 为居家老人、社区、养老服务机构、服务加盟商建立有互联网信息平台

5. 运用微信群、QQ群、手机App等即时信息交流平台

6. 在养老服务中运用了"互联网+"技术手段

7. 其他（请具体说明）＿＿＿＿＿＿＿＿＿＿＿＿＿＿＿＿

十一、如果您所在的养老机构已经开展了"互联网+"养老服务，到目前为止已经做了多长时间？

1. 11年及以上

2. 6~10年

3. 1~5年

4. 还不到1年

5. 没有

十二、您所在的养老机构开展"互联网+"养老服务，主要是利用哪些技术手段（可以多选）？

1. 互联网站（指自己开设有网站）

2. 信息呼叫中心

3. 微信公众号

4. 微信群

5. QQ群

6. 手机App

7. GPS定位系统

8. 内部信息网络系统（指自己开设的连通入住老人、护理员、医生、管理人员等的信息网络系统）

9. 第三方信息平台（如地方政府及民政、老龄办等主管部门，养老联盟和其他养老机构建设和运营的信息中心等）

10. 社区超市快递O2O

11. 其他（请具体说明）＿＿＿＿＿＿＿＿＿＿＿＿＿＿＿＿

十三、您所在的养老机构使用下列信息沟通平台的人数：

1. 微信公众号＿＿＿人

2. 员工微信群＿＿＿人

3. 员工QQ群＿＿＿人

4. 员工与家属微信群____人

5. 员工与家属QQ群____人

6. 手机App____人

7. 信息呼叫系统____人

8. 网站____人

9. 其他（请具体说明）____人

十四、您所在的养老机构主要开展了哪些"互联网+"养老服务（可以多选）？

1. 发布本养老机构服务信息

2. 通过机构内信息呼叫系统，为入住老人提供便捷的服务

3. 通过自己开设的网站和信息系统，建立养老机构与入住老人家属的联系

4. 搭建居家养老老人与本机构的信息呼叫系统，为居家养老老人提供上门服务

5. 搭建居家养老老人与其他养老服务机构、加盟服务商的信息交流系统，为养老服务供需双方提供信息平台

6. 利用本机构开设的信息网络系统，开展居家养老老人的健康管理

7. 利用本机构开设的信息网络系统，为居家养老的老人提供远程医疗

8. 其他（请具体说明）_____

十五、您认为，您所在的养老机构开展"互联网+"养老服务的主要成效是什么（可以多选）？

1. 提高了养老服务的效率

2. 扩大了机构的社会影响，提高了机构的声誉

3. 把本机构的养老服务延伸到居家养老的老人家庭，扩展养老服务的业务

4. 把本机构的养老服务与所在社区开展的养老服务实现对接，为社区养老提供服务

5. 通过互联网和信息网络平台等与医院对接，为入住老年人开通就医绿色通道

6. 通过互联网和信息网络平台等与居家老人对接，开展居家老年人健康管理服务

7. 通过互联网和信息网络平台等与政府机构的对接，加强了同政府相关部门的联系

8. 通过互联网和信息网络平台与高校、其他社会组织的对接，适时发布志愿者需求信息，可以更有针对性地开展志愿服务

9. 更充分的运用其他社会养老服务机构、养老服务企业的资源，实现资源共享

10. 其他（请具体说明）_____

十六、您所在的养老机构为开展"互联网+"养老服务，共投入了资金____万元。

十七、您认为，您所在的养老机构在"互联网+"养老服务方面的投入：

1. 很值得

2. 目前看不出值不值

3. 不值得

十八、您所在的养老机构配备没有专门负责"互联网+"养老服务的人员？

1. 有（回答"有"的，请接着回答下一题）

2. 没有（回答"没有"的，请跳过下一题）

十九、您所在的养老机构配备了____名专门负责"互联网+"养老服务的人员。

二十、您所在的养老机构开展"互联网+"养老服务，是独立开展的还是同其他机构合作开展的（可以多选）？

1. 独立开展的

2. 同其他养老机构合作开展的

3. 同互联网平台（网站）合作开展的

4. 同政府机构合作开展的

5. 同其他社会服务机构（社会组织）合作开展的

6. 同高校、科研院所合作开展的

7. 同医疗机构合作开展的

8. 同社区合作开展的

9. 其他（请具体说明）_____

二十一、您所在的养老机构在开展"互联网+"养老服务方面有什么打算？

1. 以后也不会开展

2. 以后会开展

3. 看情况再决定

4. 其他（请具体说明）_____

二十二、如果您所在的养老机构还没有开展"互联网+"养老服务，主要原因是什么（可以多选）？

1. 集中力量办好实体机构养老服务

2. 没有专门的人才

3. 没有足够的资金投入

4. 没有技术

5. 本养老机构规模小，没有必要搞"互联网+"养老服务

6. "互联网+"养老服务徒有虚名，是一个"噱头"

7. 其他（请具体说明）_____

附录 3　主要参考文献

(按引证先后为序,标注※的为非引证但阅读和参考过的文献)

一、政策文件

[1] 国家卫生计生委,国家发展改革委等. "十三五"健康老龄化规划. 2017-3-9.

[2] 国务院. 关于积极推进"互联网+"行动的指导意见.

[3] 国务院办公厅. 关于印发三网融合推广方案的通知.

[4] 国务院. 关于印发促进大数据发展行动纲要的通知.

[5] 国务院办公厅. 关于加强互联网领域侵权假冒行为治理的意见.

[6] 国务院. 关于印发推进普惠金融发展规划(2016—2020年)的通知.

[7] 国务院办公厅. 关于深入实施"互联网+流通"行动计划的意见.

[8] 国务院. 关于加快推进"互联网+政务服务"工作的指导意见.

[9] 国务院办公厅. 关于转发国家发展改革委等部门推进"互联网+政务服务"开展信息惠民试点实施方案的通知.

[10] 国务院. 关于深化制造业与互联网融合发展的指导意见.

[11] 国务院办公厅. 关于促进"互联网+医疗健康"发展的意见.

[12] 国务院. 关于加快推进全国一体化在线政务服务平台建设的指导意见.

[13] 国务院办公厅. 关于推进养老服务发展的意见.

[14] 国务院办公厅. 关于全面放开养老服务市场提升养老服务质量的若干意见.

[15] 国务院. 关于加快发展养老服务业的若干意见.

[16] 教育部,民政部,国家发展改革委等. 关于加快推进养老服务业人才培养的意见. 2014-6-10.

[17] 财政部,国家发展改革委员会,民政部等. 关于做好政府购买养老服务工作的通知. 2014-8-26.

[18] 国务院. 关于促进旅游业改革发展的若干意见.

[19] 民政部,发展改革委,教育部等. 关于鼓励民间资本参与养老服务业发展的实施意见. 2015-2-3.

［20］卫生计生委，民政部，发展改革委等. 关于推进医疗卫生与养老服务相结合的指导意见. 2015-11-18.

［21］人力资源和社会保障部. 关于开展长期护理保险制度试点的指导意见. 2016-6-27.

［22］民政部，财政部. 关于中央财政支持开展居家和社区养老服务改革试点工作的通知. 2016-7-13.

［23］国务院办公厅. 关于全面放开养老服务市场提升养老服务质量的若干意见.

［24］工信部，民政部，国家卫生计生委. 智慧健康养老产业发展行动计划（2017—2020年）的通知. 2017-2-6.

二、专著

［25］苏振芳. 人口老龄化与养老模式［M］. 北京：社会科学文献出版社，2014.

［26］杨燕绥. 中国老龄社会与养老保障发展报告（2013）［M］. 北京：清华大学出版社，2014.

［27］王德文，谢良地. 社区老年人口养老照护现状与发展对策［M］. 厦门：厦门大学出版社，2013.

［28］国家人口发展战略研究课题组. 国家人口发展战略研究报告（上）［M］. 北京：中国人口出版社，2007.

［29］国家人口发展战略研究课题组. 国家人口发展战略研究报告（中）［M］. 北京：中国人口出版社，2007.

［30］杨翠迎. 国际社会保障动态——社会养老服务体系建设［M］. 上海：上海人民出版社，2014.

［31］郑功成. 中国社会保障发展报告2016［M］. 北京：人民出版社，2016.

［32］郑功成. 中国社会保障发展报告2017［M］. 北京：中国劳动社会保障出版社，2017.

［33］佟新. 人口社会学［M］. 北京：北京大学出版社，2006.

［34］青连斌. 求解中国养老难题［M］. 北京：中共中央党校出版社，2017.

［35］杨健. 互联网+2.0——供给侧改革与企业转型升级路线图［M］.

北京：机械工业出版社，2016.

[36] 朱雷，杨欢，张世才. 互联网+模型构建——深度解读"互联网+"的8大核心技术 [M]. 北京：机械工业出版社，2017.

[37] 马化腾等. 互联网+——国家战略行动路线图 [M]. 北京：中信出版社，2015.

[38] 阿里研究院. 互联网+：从 IT 到 DT [M]. 北京：机构工业出版社，2016.

[39] 国家发展和改革委员会高技术产业司，中国信息通信研究院，中国电子信息产业发展研究院. 中国"互联网+"行动百佳实践 [M]. 北京：中共中央党校出版社，2016.

三、期刊文献

[40] 邬沧萍，谢楠. 1980—2010：中国人口政策三十年回顾与展望 [J]. 甘肃社会科学，2011（1）：1-5.

[41] 佚名. 中国人口老龄化发展趋势预测研究报告 [J]. 中国妇运，2007（2）：15-18

[42] 胡继晔. 欧债危机的教训及其对中国发展个人养老金的启示 [J]. 行政管理改革，2013（9）：66-71.

[43] 郑秉文. 欧债危机下的养老金制度改革——从福利国家到高债国家的教训 [J]. 中国人口科学，2015（5）：2-15.

[44] 杨露. 欧洲福利国家福利制度的经验教训及其启示 [J]. 理论与改革，2013（4）：96-98.

[45] 宋全成，崔瑞宁. 人口高速老龄化的理论应对——从健康老龄化到积极老龄化 [J]. 山东社会科学，2013（4）：36-41.

[46] 青连斌. 我国家庭养老的困境与居家养老服务发展的趋势 [J]. 晋阳学刊，2016（4）79-88.

[47] 闫肖锋. 解决低生育率需要系统思维 [J]. 中国新闻周刊，2018（6）.

[48] 于潇，孙悦. "互联网+养老"：新时期养老服务模式创新发展研究 [J]. 人口学刊，2017（1）58-66.

[49] 韩振秋. 略论"互联网+养老"的重要性 [J]. 新疆社科论坛，2017（2）30-35.

[50] 孔伟艳. 推动"互联网+"养老服务的供需双侧改革 [J]. 宏观经济研究, 2018 (8): 142-149.

[51] 吴春. 智能化养老:"互联网+养老"模式创新 [J]. 中共济南市委党校学报, 2016 (4): 54-57.

[52] 张泉, 邢占军. "互联网+养老"概念辨析 [J]. 社会福利, 2016 (1): 12-15.

[53] 耿永志, 王惠颖. "互联网+养老"服务模式发展研究:转型、融合与新业态 [J]. 天津行政学院学报, 2017, 19 (4): 36-41.

[54] 高丽. "互联网+养老"的独特价值 [J]. 人民论坛, 2018 (6月上): 86-87.

[55] 李媛媛. 互联网时代党的组织建设面临的挑战与机遇 [J]. 甘肃理论学刊, 2016 (5): 56-59.

[56] 郭丽娜, 郝勇, 吴瑞君. "互联网+养老服务":O2O模式的养老服务供需平台构建 [J]. 电子政务, 2016 (10): 17-24.

[57] 睢党臣, 彭庆超. 互联网+居家养老:智慧居家养老服务模式 [J], 新疆师范大学学报:哲学社会科学版, 2016, 37 (5): 128-135.

[58] 徐美玲. "互联网+居家养老":智能化居家养老服务模式探析 [J], 北华大学学报:社会科学版, 2016, 17 (5): 115-118.

[59] 王兆鑫, 李小雨, 晏玉洁. "互联网+"在创新社区养老方式中的探索研究 [J]. 西部经济管理论坛, 2018 (2): 33-39.

[60] 潘峰, 宋峰. 互联网+社区养老:智能养老新思维 [J]. 学习与实践, 2015 (9): 99-105.

[61] 彭婷. "互联网+养老"商业模式探析 [J]. 长沙民政职业技术学院学报, 2018 (3): 6-9.

[62] 何朝晖. "互联网+"背景下居家养老服务发展研究 [J]. 经济数学, 2017 (2): 53-57.

[63] 屈贞. 智慧养老:创新我国养老服务供给模式新选择 [J]. 社保论坛, 2016 (6): 21-22.

[64] 付舒. "互联网+"城市社区居家养老服务体系建构研究 [J]. 现代交际, 2017 (24): 3-4.

[65] 韩璐. "互联网+社区养老"面临的问题及对策 [J]. 河北金融,

2018（5）：39-60.

［66］刘振山，赵祥瑞，张志强. 基于"互联网+"的社区居家养老服务体系构建［J］. 山东科技大学学报：社会科学版，2017（6）：84-91.

［67］段婷婷. 北京市居民养老需求分析［J］. 科技经济导刊，2018，26（31）：206-207.

［68］丛春霞，彭歆燕. 城市居民居家养老服务供需问题研究［J］. 东北财大学报，2017（1）：49-56.

［69］湖南省财政科学研究所课题组. 基于湖南养老服务需求的实证分析［J］. 财政科学，2016（3）：98-104.

［70］姚芳. 北京市养老现状与需求调查［J］. 前线，2014（2）：88-90.

［71］胡晓琳，胡永国，黄文杰等. 重庆市高校社区养老服务现状及老年人养老意愿影响因素研究［J］. 保健医学研究与实践，2017，14（1）：14-20.

［72］间志俊，袁嫚玉. "互联网+"背景下养老服务产业转型升级研究——基于城市中高收入人群养老服务需求的调查［J］. 长沙民政职业技术学院学报，2016，23（4）：8-11.

［73］间志俊. 中等与高等收入群体养老服务需求对比［J］. 中国老年学杂志，2018，38（6）：2780-2782.

［74］马贵侠，陈群. 城市社区特殊老人养老服务：需求、回应与前瞻［J］. 理论月刊，2014（5）：170-175.

［75］丛春霞，彭歆燕. 城市居民居家养老服务供需问题研究［J］. 东北财大学报，2017（1）：49-56.

［76］郭延通，郝勇. 失能与非失能老人社区养老服务需求比较研究——以上海市为例［J］. 社会保障研究，2016（4）：25-33.

［77］李思奇. 城市社区居家养老服务的需求及其服务供给分析——以重庆市渝中区M社区为例［J］. 劳动保障世界，2018（36）：23.

［78］陈明慧，丁福兴. 苏州市为老服务市场的有效需求分析［J］. 黑河学刊，2019（1）：13-14.

［79］陈君. "互联网+"视域下杭州市城市网络养老服务需求研究［J］. 区域经济，2018（5）：135-138.

［80］徐杨. 上海市老年人智能化养老服务需求的影响因素分析［J］. 经

济研究导刊, 2018 (25): 33-36.

[81] 崔岩. 居家养老模式中的政府作用 [J]. 商业文化: 学术版, 2008 (8): 101.

[82] 谢伟. 促进居家养老服务多元化发展——以积极老龄化为视角 [J]. 发展, 2014 (4): 84-85.

[83] 彭希哲, 胡湛. 公共政策视角下的中国人口老龄化 [J]. 中国社会科学, 2011 (3): 121-138.

[84] 杨宜勇, 杨亚哲. 论我国居家养老服务体系的发展 [J]. 中共中央党校学报, 2011, 15 (5): 94-98.

[85] 宋言奇. 居家养老中资源整合问题——基于苏州的实践 [J]. 苏州大学学报: 哲学社会科学版, 2015 (1): 40-45.

[86] 胡晓琳, 胡永国, 黄文杰等. 重庆市高校社区养老服务现状及老年人养老意愿影响因素研究 [J]. 保健医学研究与实践, 2017, 14 (1): 14-20.

[87] 吕普生. 政府与公民社会组织在养老服务供给中的合作模式研究——基于北京市宣武区三种合作方式的分析 [J]. 科学决策, 2009 (12): 1-23.

[88] 阎青春. 四种居家养老服务模式的"利"与"弊" [J]. 社会福利, 2009 (3): 19-20.

[89] 丁建定, 李薇. 论中国居家养老服务体系建设中的核心问题 [J]. 探索, 2014 (5): 138-143.

[90] 高灵芝, 刘雪. 供需适配角度的城市居家养老服务研究 [J]. 南通大学学报: 社会科学版, 2012, 28 (3): 63-73.

[91] 梁鸿. 浦东新区老年事业发展的资源问题与对策 [J]. 市场与人口分析, 1998, 4 (3): 3.

[92] 张园, 连楠楠. 老年人对养老机构智慧养老服务需求与意愿研究——基于包头市的调查 [J]. 经济研究导刊, 2018 (27): 55-59.

[93] 杨国军, 刘素婷, 孙彦东. "互联网+"养老变革与供给侧结构性改革研究 [J]. 改革与战略, 2017 (1): 146-149.

[94] 孔伟艳. "互联网+"养老服务供给侧问题与对策建议 [J]. 中国经贸导刊, 2017 (10月下): 146-149.

[95] 席恒, 任行, 翟绍果. 智慧养老: 以信息化技术创新养老服务 [J].

老龄科学研究，2014（7）：12-20.

［96］石刚."互联网+"背景下养老服务构建研究［J］.电子政务，2016（10）：33-39.

［97］陈言."互联网+养老"的乌镇试验［J］.瞭望东方周刊，2016（1）.

［98］佚名.厦门打造"互联网+养老"模式 开启智慧养老时代［J］.信息系统工程，2016（8）：11.

［99］王晓芳.互联网+社区居家养老的湘潭模式［J］.中国社会工作，2017（4月中）：40-41.

［100］王海漪，王志中.基于"智慧社区"居家养老服务的经验与启示——以太原市"智慧我家"社区服务中心项目为例［J］.山西高等学校社会科学学报，2016（9）：30-34.

［101］※陶闵，李伟."互联网+社区"养老模式构建对策——以成都市为例［J］.中国市场，2018（13）：63-65.

［102］※冯晟，霍彧，吴薇."医养融合"养老服务的需求和现状调查——以江苏太仓为例［J］.卫生职业教育，2019，37（3）：126-128.

［103］※刘璐瑶.北京市居家养老服务供给现状的研究［J］.劳动保障世界，2017（33）：16-17.

［104］※朱秀敏.安阳市居家老年人养老现状与需求及影响因素调查［J］.中国校医，2018，32（9）：694-695.

［105］※赵淼，张小丽，韩会等.不同健康状况对老年人居家养老需求的影响［J］.中国老年学杂志，2019，39（1）：189-192.

［106］※明亮，郝儒杰.成都市老年群体生存状况与养老服务需求调查研究［J］.成都行政学院学报，2018（4）：67-70.

［107］※吴芳，冯冬燕.城市空巢老人社区养老服务需求类型及其差异化分析——基于陕西省的调研数据［J］.调研世界，2018，（6）：40-43.

［108］※马贵侠，陈群.城市社区特殊老人养老服务：需求、回应与前瞻［J］.理论月刊，2014（5）：170-175.

［109］※田甜，王佳琳，叶娇.城乡老年人社区居家养老服务需求及影响因素分析［J］.中华护理教育，2016，13（12）：925-928.

［110］※王莉.从城镇居民养老需求看养老供给侧改革——以临潼区为例［J］.法制博览，2018（5上）：227-229.

[111]※刘梅芳. 福建省城市居家养老服务供需状况的实证研究 [J]. 社会福利, 2016 (11): 28-32.

[112]※凌波, 罗明, 白淏. 阜新市城镇居民"医养结合"养老服务需求现状 [J]. 劳动保障世界, 2018 (36): 36.

[113]※张海川, 张利梅. 个性化养老服务需求的调查分析——以成都市为例 [J]. 首都经济贸易大学学报, 2017, 19 (1): 58-65.

[114]※周健, 范姜阳, 周梦媛. 关于智能化居家养老需求的调查——以镇江新区为例 [J]. 纳税, 2018 (11): 233-236.

[115]※许星莹, 梁惠怡, 朱海祺. 广州市居家老人养老服务需求调查与分析 [J]. 中国卫生事业管理, 2017 (7): 537-540.

[116]※夏金华, 仲其军, 廖传英等. 广州市老年服务需求调研分析 [J]. 广东职业技术教育与研究, 2015 (2): 19-21.

[117]※王妍, 安文忠, 单伟超等. 国内外城市老年人养老需求的研究现状 [J]. 承德医学院学报, 2018 (6): 529-531.

[118]※韩晔, 吕涌涛, 苗红等. 济南市城区老年人养老服务需求及影响因素 [J]. 中国老年学杂志, 2019 (1): 224-227.

[119]※史臣. 检视与反思: 我国老年照料需求评估研究述评 [J]. 智库时代, 2018 (26): 275-276.

[120]※孔银焕, 闫雪, 穆彬彬等. 老年人对"医养结合"养老模式需求的影响因素研究——以乌鲁木齐市为例 [J]. 中国医学伦理学, 2018, 31 (6): 740-744.

[121]※彭跃, 司冬阳. 洛阳市张坞镇农村社区养老服务需求研究 [J]. 太原城市职业技术学院学报, 2018 (6): 166-168.

[122]※佟雪. 贫困地区农村养老服务需求若干问题 [J]. 当代经济, 2016 (12): 124-126.

[123]※李亚欣, 张云英. 浅谈农村老年人对居家养老服务需求研究 [J]. 现代经济信息, 2016 (1): 43-44.

[124]※梁君, 姚红, 张芳芳. 上海市城乡结合部不同年龄阶段老年人养老需求分析 [J]. 上海医药, 2018 (14): 15-18.

[125]※王天兰, 石国凤, 闫冰等. 社区空巢老年人医养结合服务需求现状 [J]. 全科护理, 2018, 16 (16): 1937-1939.

[126]※张洪美,李秀艳,毕春华.社区失能老年人照护服务需求调查研究[J].中国卫生产业,2018(20):157-158.

[127]※张洪,张文广,王位琼等.社区中老年居民养老护理服务的需求调查[J].护理学杂志,2018(16):90-92.

[128]※郭延通,郝勇.失能与非失能老人社区养老服务需求比较研究——以上海市为例[J].社会保障研究,2016(4):25-33.

[129]※邱天悦.石家庄社区老年人居家养老差异性需求调查[J].科学大众(科学教育),2019(1):195.

[130]※陈明慧,丁福兴.苏州市为老服务市场的有效需求分析[J].黑河学刊,2019(1):13-14.

[131]※李琳,魏红敏.我国城市社区老年人的养老需求研究[J].计算机产品与流通,2018(9):273.

[132]※郑艳,刘小春.养老服务供给与农村居民养老服务模式选择意愿——基于江西省调查数据的实证研究[J].西部经济管理论坛,2018,29(2):23-32.

[133]※顾笑然.养老服务供求失衡问题及对策研究[J].山东工会论坛,2017,23(5):51-53.

[134]※饶丹,黄健元.养老服务精准化的现实困境与实现路径[J].理论导刊,2018(12):67-71.

[135]※江苏省老龄办.着眼老年人照顾服务需求构建老年人关爱服务体系[J].中国社会工作,2017(8月中):26-27.

[136]※乡汝浩,邹宗峰,刘茂玲.中山市失能老人医养结合养老服务需求趋势及预测分析[J].卫生软科学,2018,32(12):18-21.

[137]※董玉青.中小城市老年人生活照料需求及影响因素研究——基于开封市553位老年人的调查[J].河南牧业经济学院学报,218,31(6):54-59.

[138]※徐海娇.子女因素对城市空巢老人医养结合养老服务需求影响研究——以马鞍山市为例[J].洛阳理工学院学报:社会科学版,2018,33(5):28-33.

[139]※申毛毛."互联网+"背景下西安市居家养老服务新模式探析[J].现代商业,2017(29):177-179.

[140]※贾文广，杜迎军."互联网+居家养老"服务需求现状及对策［J］. 石家庄职业技术学院学报，2017，29（4）：47-49.

[141]※田钰燕，包学雄."互联网+"时代居家养老服务供给：从技术嵌入到协作生产——基于对W市"云家庭服务中心"的考察［J］. 社会保障研究，2017（2）：38-46.

[142]※刘尊，李超，闫冰等. 沧州市辖区老年人居家养老服务需求的影响因素研究［J］. 中华老年多器官疾病杂志，2018，17（10）：749-752.

[143]※王花玲，陈雪萍，刘炳炳等. 杭州某社区老年人健康状况及居家养老服务需求调查［J］. 健康研究，2017，37（1）：22-24.

[144]※牛思涵. 互联网+居家养老：养老体系的革新与构建［J］. 西部财会，2018（6）：65-66.

[145]※姚兆余，陈日胜，蒋浩君. 家庭类型、代际关系与农村老年人居家养老服务需求［J］. 南京大学学报：哲学人文科学社会科学，2018（6）：34-42+155-156.

[146]※焦航. 经济状况对农村老人居家养老服务需求的影响［J］. 品牌研究，2018（5）：56+58.

[147]※董红亚. 居家养老服务的温州模式：强社会大服务［J］. 西北人口，2016，37（5）：24-30.

[148]※孟中华，李朝静，吴景霄. 居家养老服务需求调查研究报告——以合肥市众城夕彩养老助餐点为例［J］. 管理观察，2017（21）：85-88.

[149]※陶李洋. 牡丹江地区农村空巢老人居家养老问题研究［J］. 纳税，2018（33）：292+295.

[150]※侯惠荣. 以"互联网+"促进居家养老服务业供给侧改革［J］. 中央社会主义学院学报，2016（6）：94-99.

[151]※王轲. 政府购买公共服务视域下的居家养老服务需求及影响因素研究——基于武汉市武昌区的调查数据［J］. 行政科学论坛，2018（10）：29-34.

[152]※刘利，唐玉兵，华卫. 智能化"互联网+居家养老"服务模式研究与实现［J］. 电脑与电信，2017（5）：14-16+23.

[153]※沈芳."互联网+"背景下长沙社区养老服务的精准化建设研究［J］. 纳税，2018（22）：104-105.

［154］※张耀华. "互联网+社区居家养老模式"研究［J］. 南方论刊, 2018（7）：17-18.

［155］※屈贞. "互联网+社区养老"的运行困境摆脱［J］. 重庆社会科学, 2017（5）：80-87.

［156］※张菀煜, 睢党臣. "互联网+"社区养老服务产业发展存在的问题及对策［J］. 陕西理工大学学报：社会科学版, 2017, 35（4）：78-84.

［157］※訾倩, 李晶. "互联网+"社区养老服务浅议［J］. 合作经济与科技, 2017（14）：188-189.

［158］※胡伦婧, 张强. 当代老年人口的社区养老服务需求及影响因素研究——基于上海市调查数据的实证分析［J］. 中国市场, 2018（19）：23-24.

［159］※龚艳萍. 互联网+社区+居家养老产业发展研究——以荆门市为例的养老产业PPP项目思考［J］. 荆楚学刊, 2016, 17（1）：36-40.

［160］※张伊, 牟能冶, 郝娟娟. 基于"智慧养老"与"医养融合"的新型养老模式探究［J］. 农村经济与科技, 2018（7）：223-225.

［161］※丁煜, 王玲智. 基于城乡差异的社区养老服务供需失衡问题研究［J］. 人口与社会, 2018（3）：27-37.

［162］※黄珩. 基于大数据的智慧社区养老服务研究［J］. 经贸实践, 2018（12）：247-248.

［163］※张淑珍, 徐素芳, 赵蓉婷. 基于需求的宁波市社区养老服务体系构建——以鄞州区为例［J］. 新西部：理论版, 2016（11）：56+60.

［164］※郝梓旭, 黄玉婷. 吉林省城市社区居家养老服务需求的调查及分析［J］. 才智, 2017（29）：236-237.

［165］※龙海艳. 居家式社区养老服务的发展研究——以武汉市江北社区为例［J］. 湖北广播电视大学学报, 2017, 37（4）：60-64.

［166］※张素梅, 吴萍, 曹海涛. 年人社区居家养老服务需求的调查分析［J］. 蚌埠医学院学报, 2018（5）：676-679.

［167］※朱佩芳, 凯威, 力君. 上海市某社区居家养老者卫生服务需求与利用现况分析［J］. 医学与社会, 2019, 32（1）：63-66.

［168］※宋慧勇. 社区居家养老服务的需求与供给分析［J］. 江苏科技信息, 2017（31）：720-74.

［169］※薛谨, 刘永兵. 社区老年人群居家养老服务的需求及影响因素分

析 [J]. 护士进修杂志, 2018, 33 (24): 2286-2288.

[170]※陶杰. 威海市居家和社区养老情况调查 [J]. 山东经济战略研究, 2018 (9): 15-19.

[171]※陈莉, 卢芹, 乔菁菁. 智慧社区养老服务体系构建研究 [J]. 人口学刊, 2016 (3): 67-73.

[172]※卢运媛. "互联网+" 养老服务平台的可行性分析 [J]. 现代营销: 经营版, 2018 (8): 46-47.

[173]※罗经纬. 社区养老服务智能化平台建设策略探析 [J]. 产业与科技论坛, 2017 (16): 69-70.

[174]※马丽, 冯思语, 祁维静等. 新型居家养老服务平台的推广策略研究 [J]. 现代经济信息, 2017 (1): 119.

[175]※孙文灿. 互联网+养老未来空间无限 [J]. 社会福利, 2015 (5): 9-11.

[176]※黄姗姗. "互联网+" 对医养结合养老模式的影响分析 [J]. 赤峰学院学报: 自然科学版, 2017, 33 (7): 33-34.

[177]※耿永志, 王惠颖. "互联网+养老" 服务模式发展研究: 转型、融合与新业态 [J]. 天津行政学院学报, 2017, 19 (4): 36-41.

[178]※王恩艳. "智慧养老" 有望破解养老资源不足困局 [J]. 中国社会工作, 2017 (17): 28-29.

[179]※郭丽, 赵秀月. 公共服务视阈下 "互联网+" 智慧养老服务的发展对策研究 [J]. 南方农机, 2017 (8): 90.

[180]※张忠. 河南省的 "互联网+" 养老模式 [J]. 洛阳师范学院学报, 2017, 36 (4): 70-74.

[181]※张少芳. 互联网养老产业发展现状、机遇及路径选择 [J]. 河北学刊, 2016, 36 (4): 212-216.

[182]※刘红华, 黄莹, 王娟等. 基于 "互联网+" 下空巢老人智慧养老模式的研究 [J]. 齐鲁护理杂志, 2017, 23 (15): 74-75.

[183]※曹莹, 苗志刚, 李明杰等. 基于 "互联网+" 的智慧互助养老服务模式研究 [J]. 管理观察, 2018 (14): 74-75.

[184]※王小春. 京津冀养老服务体系建设协同发展 [J]. 中国老年学杂志, 2018 (23): 5874-5878.

[185]※林瑜胜. 我国"智慧养老"模式的核心问题与发展方向 [J]. 上海城市管理, 2017(5): 10-13.

[186]※陈俊涛, 滕飞. 智慧居家破解养老难题 [J]. 上海信息化, 2017(7): 16-19.

[187]※石菲. 智慧养老: 没有围墙的养老院 [J]. 中国信息化, 2017(1): 22-23.

[188]※邢华. 智慧养老文献综述 [J]. 中国新通信, 2017(14): 148-149.

[189]※何朝晖. "互联网+"背景下居家养老服务发展研究 [J]. 经济数学, 2017, 34(2): 53-57.

[190]※李安琪. "互联网+"背景下中国基本养老服务运行机制研究 [J]. 上海医药, 2017(6): 6-9+13.

[191]※李诗雨, 杜红, 张顺雅等. "互联网+"居家养老模式的创新探索——以安徽省蚌埠市为例 [J]. 经贸实践, 2017(19): 142+144.

[192]※韩璐. "互联网+社区养老"面临的问题及对策 [J]. 河北金融, 2018(5): 39-41+60.

[193]※同春芬, 汪连杰. "互联网+"时代居家养老服务的转型难点及优化路径 [J]. 广西社会科学, 2016(2): 160-166.

[194]※李长远. "互联网+"在社区居家养老服务中应用的问题及对策 [J]. 北京邮电大学学报: 社会科学版, 2016, 18(5): 67-73.

[195]※潘峰, 宋峰. "互联网+"社区养老: 智能养老新思维 [J]. 学习与实践, 2015(9): 99-105.

[196]※于潇, 孙悦. "互联网+养老": 新时期养老服务模式创新发展研究 [J]. 人口学刊, 2017(1): 58-66.

[197]※李玉辉. 打造"互联网+社区居家养老"新模式 [J]. 中国民政, 2016(11): 55-56.

[198]※张建璞, 张波, 苏彤等. "互联网+"居家养老服务平台研究 [J]. 中国高新技术企业, 2016(20): 19-21.

[199]※白玫, 朱庆华, 郭骅等. 基于云计算的智慧养老信息系统规划与设计 [J]. 山东财经大学学报, 2017, 29(3): 109-116.

[200]※张园, 连楠楠. 老年人对养老机构智慧养老服务需求与意愿研

究——基于包头市的调查[J]. 经济研究导刊, 2018 (27): 55-59.

[201]※邓裕霞, 汪泳. "互联网+"背景下我国居家养老服务发展困境及对策[J]. 时代经贸, 2018 (28): 74-75.

[202]※睢党臣, 彭庆超. "互联网+居家养老": 智慧居家养老服务模式[J]. 新疆师范大学学报: 哲学社会科学版, 2016, 37 (5): 128-135.

[203]※卢运媛. "互联网+"养老服务平台的市场定位分析[J]. 财会学习, 2018 (32): 166-167.

[204]※张宇, 魏志强, 高宏伟等. "互联网+智慧养老"模式的新探索[J]. 中华老年病研究电子杂志, 2016, 3 (4): 13-16.

[205]※刘良军. 进一步完善"互联网+养老服务"的对策建议[J]. 中共济南市委党校学报, 2017 (3): 105-109.

[206]※周帆帆, 王胤涛, 张云等. 居家养老服务信息管理平台建设的研究[J]. 中国数字医学, 2018 (6): 90-91.

[207]※石刚, 李子平. 社区智能养老服务系统构建研究[J]. 电子政务, 2015 (4): 82-89.

[208]※李彩宁, 毕新华. 智慧养老服务体系及平台构建研究[J]. 电子政务, 2018 (6): 105-113.

四、报纸文献

[209] 何亚福. 扭转我国低生育率现状, 宜放开三孩限制[N]. 新京报, 2016-9-26.

[210] 吴佳佳. 全面两孩实施一年生育率升至1.7仍低于正常更替水平[N]. 经济日报, 2017-2-14.

[211] 张新华. "智慧养老"应先找准定位[N]. 中国社会报, 2015-2-2.

[212] 郭晋晖. 《我国劳动力5年减少2 000万 2050年或降到7亿左右》[N]. 第一财经日报, 2016-11-21.

[213] 蔡若愚. 北京市定调"9064"养老目标[N]. 中国经济导报, 2015-11-28.

[214] 王羚. 以房养老明年试点 社会力量将发力养老服务业[N]. 第一财经日报, 2013-9-16.

[215] 陶盼. 武汉打造"互联网+养老", 未来三年每年投2 000万[N]. 武汉晚报, 2016-10-10.

［216］肖力. 智慧"惠"民生，中国普天打造智慧养老云平台［N］. 人民邮电报，2017-9-28.

［217］李方. 乌镇"互联网+养老"成范本居家养老新模式［N］. 中国科学报，2016-4-28.

［218］黄颖，李丹丹. 习近平"隔空"连线乌镇居家养老照料中心［N］. 新京报，2015-12-17.

［219］张顺和. 厦推"互联网+养老"新模式，打造"智慧养老院"［N］. 海峡导报，2016-12-21.

［220］赵芳洲，郑莉娜，戚云. 给居家养老插上"互联网+"的翅膀，杭州探索"智慧养老"［N］. 杭州日报，2017-4-10.

［221］马跃峰. 利用互联网改变养老模式——洛阳构建没有围墙的养老院［N］. 人民日报，2016-4-22.

［222］*高菊. 如何破解养老服务供需矛盾［N］. 中国人口报，2018-8-6（3）.

［223］*陈远. "互联网+"助力社区居家养老服务［N］. 中国人口报，2018-5-25（3）.

五、电子文献

［224］微微健康新闻. 我国人口平均预期寿命比世界平均水平高5岁［EB/OL］，http://news.vivijk.com/rdht/201208/294154.html.

［225］甘犁. 二孩放开了，为何生育率还在下降？［EB/OL］. http://new.qq.com/omn/20180520/20180520B07FKX.html.

［226］穆光宗. 低生育率给中国带来哪些长期困扰？［EB/OL］. http://big5.china.com.cn/gate/big5/m.china.com.cn/appshare/doc_1_36_223148.html.

［227］黄文政. 低生育率的危害可能未来百年都缓不过来［EB/OL］. http://www.fx361.com/page/2017/0324/1304787.shtml.

［228］梁建章，黄文政. 中国人口生育率到底有多低，取消计生政策迫在眉睫［EB/OL］. http://www.chamiji.com/201805235472.html.

［229］中国互联网协会. 2019年43次互联网络发展报告［EB/OL］. https://tech.sina.com.cn.

［230］中国互联网络信息中心（CNNIC）. 中国互联网络发展状况统计报告：2019［EB/OL］，http://www.199it.com/archives/839412.html.

[231] 佚名. 解读：李克强政府报告中的"互联网+"是什么 [EB/OL]. http://economy.caijing.com.cn/20150305/3832729.shtml.

[232] 李彦宏谈互联网与传统产业结合：化腐朽为神奇 [EB/OL]. http://www.chinanews.com/gn/2015/03-11/7118892.shtml.

[233] 湖北电视新闻中心. 让雷军告诉你："互联网+"是什么？[EB/OL]. http://www.zx590.com/a/16/39525176.html.

[234] 百度百科. "互联网+" [DB/OL]. https://baike.baidu.com.

[235] 百度百科. 大数据 [DB/OL]. https://baike.baidu.com/item.

[236] 苏州市民政局. 苏州市养老服务需求调查报告 [EB/OL]. http://www.suzhou.gov.cn/gzcy/myzj/mydc/mydcjg/201712/t20171205_937693.shtml.

[237] 国家统计局. 2017年国民经济统计公报：户籍人口城镇化率42.35% [EB/OL]. http://finance.sina.com.cn/china/gncj/2018-02-28/doc-ifyrwsqk1082947.shtml.

[238] 国家统计局. 中华人民共和国2018年国民经济和社会发展统计公报 [R/OL]. https://baijiahao.baidu.com/s?id=1626679262024035080&wfr=spider&for=pc.

[239] 佚名. 山东启动"互联网+养老"建设项目 打造融合信息平台 [EB/OL]. http://www.dzwww.com/shandong/sdnews/201708/t20170805_16251525.htm.

[240] 佚名. "互联网+"智慧养老平台12349养老服务平台 [EB/OL]. http://www.jujiayanglao.net/Home/Page/2.

[241] 云天. "互联网+"养老要怎么做？你需要一个"互联网+"养老平台 [EB/OL]. https://tieba.baidu.com/p/5047199443.

[242] 佚名. "互联网+"养老：智慧养老管理服务云平台 [EB/OL]. http://www.sohu.com/a/152706760_793143.

[243] 佚名. 中国普天拓展"互联网+"智慧养老市场 [EB/OL]. http://www.cctime.com/html/2016-9-18/1219529.htm.

[244] 常丁. 易养App："互联网+"养老新模式 驱动养老产业发展 [EB/OL]. http://www.askci.com/news/2015/11/19/171580rot_4.shtml.

[245] 赖娇健. 探秘江西首个"互联网+智能养老"服务平台 [EB/OL]. http://news.newsxy.com/2016/0830/254102.shtml.

［246］佚名. 三开科技冷泓昊"互联网+"养老解决养老机构痛点［EB/OL］. http://www.sohu.com/a/117850771_380198.

［247］佚名. 优频"优养护"智慧养老［EB/OL］. http://www.uradio-systems.com/info-27.html.

［248］郭扬. 乌镇开启智慧养老新模式［EB/OL］. http://www.cac.gov.cn/2016-11/11/c_1119894059.htm.

［249］佚名."雨花区社区为老服务信息平台"项目顺利通过验收［EB/OL］. http://blog.sina.com.cn/s/blog_dadeed6d0101ny7r.html.

六、学位论文

［250］张林坤. 欧债危机产生根源的国际政治经济学分析［D］. 郑州：郑州大学，2013.

［251］丁宥臣."互联网+"居家养老服务研究［D］. 北京：中共中央党校（国家行政学院），2019.

［252］*林雷. 北京市养老服务需求分析与优化配置［D］. 北京：首都经济贸易大学，2018.

［253］*蔡昊婷. 城市居民养老意愿调查研究——以江西省南昌市×区为例［D］. 南昌：江西财经大学，2018.

［254］*赵艳芳."互联网+"居家养老服务需求及影响因素分析——以郑州市为例［D］. 西安：陕西师范大学，2018.

［255］*常敏. 城市居民养老服务需求研究——基于西安市A区的调查［D］. 西安：西北大学，2018.

［256］*张瑞芳. 农村智慧居家养老服务模式研究——以甘肃省清水县为例［D］. 西安：陕西师范大学，2018.

［257］*李建霞. 石家庄市居家养老服务供给与需求状况的调查研究［D］. 石家庄：河北师范大学，2018.

［258］*张菀煤."互联网+"社区居家养老参与意愿研究——以西安市为例［D］. 西安：陕西师范大学，2018.

［259］*崔方圆. 于老年人需求的社区医养结合养老服务研究——以广州市为例［D］. 广州：南方医科大学，2015.

［260］*曹亮. 陕西省高校离退休人员社区居家养老服务供需分析——以×大学为例［D］. 西安：西北大学，2018.

[261]※罗经纬. 社区居家智慧养老服务中的政府责任研究 [D]. 长春：长春工业大学，2018.

[262]※黄越. 北京地区养老服务驿站设计研究 [D]. 北京：北方工业大学，2018.

[263]※李善朋. "互联网+"居家养老模式的政府职能研究 [D]. 长春：长春工业大学，2018.